PFERDEWISSEN AUS DEM WILDEN WESTEN

Renate Ettl

Pferdewissen aus dem Wilden Westen

Tips und Tricks der Cowboys und Indianer

Franckh-Kosmos

Mit 18 Farbfotos, davon 14 von Hans Dossenbach, Schlatt/Schweiz (S. 33, 34, 51, 52 unten, 53 unten, 54 unten, 71 oben, S. 72), 3 von Renate Ettl, Otzing (S. 52 oben, 54 oben, 71 unten), 1 von Lothar Lenz, Cochem (S. 53 oben) sowie 65 s/w-Illustrationen von Jeanne Kloepfer, Heidelberg.

Umschlaggestaltung von Atelier Jürgen Reichert, Stuttgart, unter Verwendung von Fotos von Hans Dossenbach (U1 oben), Lothar Lenz (U1 links unten), Sabine Stuewer, Darmstadt (U1 rechts unten) und Renate Ettl (U4).

Die Deutsche Bibliothek – CIP-Einheitsaufnahme

Ettl, Renate:
Pferdewissen aus dem Wilden Westen : Tips und Tricks der Cowboys und Indianer / Renate Ettl. – Stuttgart : Franckh-Kosmos, 1996
ISBN 3-440-07212-6

© 1996, Franckh-Kosmos Verlags-GmbH & Co., Stuttgart
Alle Rechte vorbehalten
ISBN 3-440-07212-6
Printed in Germany/Imprimé en Allemagne
Satz: Utesch Satztechnik GmbH, Hamburg
Druck und Binden: Huber KG, Dießen

Pferdewissen aus dem Wilden Westen

Einleitung oder Zieht John Wayne die Leggins aus!

Big Joe *bläst den Rauch von der Revolvermündung und steckt die Waffe in das Halfter zurück. Mit zusammengekniffenen Augen starrt er auf seinen Gegner, der ihm gegenüber im Staub liegt. Zufrieden* macht Big Joe *auf dem Absatz kehrt, bevor ihm der Wind den Straßenstaub in die Augen weht.* »That's it«, *murmelt er, während er breitbeinig auf sein Pferd zugeht, das geduldig am Anbindebalken wartet. Wieder einmal ist der alte* Big Joe *schneller gewesen als sein Widersacher, und wieder muß er so schnell wie möglich die Stadt verlassen, um der Blutrache zu entgehen.* Big Joe *löst den linken Zügel vom Balken und schwingt sich mit einem Satz in den Sattel. Er reißt mit einer Hand die Zügel nach rechts, das Pferd wirft den Kopf hoch und sperrt das Maul auf, bevor es der Richtungsweisung folgen kann.* Joe *gibt seinem Fuchs die Sporen. Der klapprige Gaul springt in den Galopp, schlägt zum Abschied mit dem Schweif und verschwindet in einer Staubwolke.*

Nach drei Stunden im rasanten Galopp über die steinige Prärie stoppt Big Joe *sein Pferd jäh, indem er die Zügel strammzieht.* Joe *springt aus dem Sattel und läßt die Zügel fallen.* »Well, Old Sorrel«, *brummelt* Big Joe *seinem Klepper zu,* »hier werden wir lagern.« *Der alte Cowboy lockert den Sattelgurt, packt den Sattel am Horn und zieht ihn samt Decke vom Pferderücken.*

Mit Schwung landet das Ganze vor einem Felsen. Der Cowboy zerrt die Satteldecke unter dem Sattel hervor und schüttelt sie aus. Dann legt sich Big Joe *zum Schlafen nieder, streift sich die Satteldecke über die Schultern, bettet seinen Kopf auf die Sitzfläche seines Sattels und zieht sich den staubigen Hut über das zerfurchte Gesicht.* Old Sorrel *bleibt bis zum Morgengrauen wie angewurzelt auf seinem Platz stehen.*

Mit den ersten Sonnenstrahlen schält sich der Revolverheld aus der Decke. Zuallererst vergewisserte sich Joe, *daß sein Revolver griffbereit im Halfter steckt, dann streckt er seine müden Glieder dem Himmel entgegen, rafft sich auf, faltet die Decke zusammen und wirft sie seinem treuen Pferd auf den Rücken. Der Sattel folgt mit Schwung. Und wieder sitzt* Big Joe, *im Galopp über die Prärie jagend, im Sattel.*

Diese Szene könnte sich in jedem x-beliebigen Wildwestfilm abspielen. Sie vermittelt dem Zuschauer ein Bild vom Leben des amerikanischen Cowboys und seiner Einsamkeit, dem Mut und der Freiheit eines Helden, der es mit jedem aufnimmt und immer als Sieger hervorgeht. Von der Filmindustrie wurde der Cowboy zur Symbolfigur für Freiheit und Abenteuer hochstilisiert. Dem Filmcowboy gelingt einfach alles: Er streckt seine Gegner mit Leichtigkeit nieder, schwingt sich mit einem lockeren Sprung in den Sattel, galoppiert stundenlang in rasantem Tempo durch unwegsames Gelände, ohne daß Reiter und Pferd ermüden; er kann sein Pferd aus vollem Galopp ohne Probleme abrupt abstoppen, er wirft seinen Sattel in die Ecke als wäre er ein federgefülltes Kopfkissen; sein Pferd braucht kein Wasser und nichts zu fressen und kann wie ein Fahrrad geparkt werden, denn das treue Wundertier verschwendet keinen Gedanken daran, sich auch nur einen Schritt von der Stelle zu rühren.

Leider aber sieht die Realität etwas anders aus. Das Cowboyleben, wie es über den Bildschirm flimmert, hat so gut wie gar nichts mit der wahren Identität dieser Rinderhirten zu tun. Auch Einsatz und Verwendung der Pferde sind zum größten Teil unrealistisch dargestellt. Das Kopfhochreißen, Maulaufsperren und Schweifschlagen der Pferde ist im Wildwestfilm erwünscht, da es den Eindruck von »Action« verstärkt. In Wahrheit ist es aber nichts anderes als Tierquälerei, denn mit diesen Reaktionen zeigt das Pferd, daß ihm etwas nicht behagt oder – besser gesagt – daß ihm etwas Schmerzen bereitet. Das Tier versucht, durch das Kopfhochreißen und Maulaufsperren dem Zügelzug zu entgehen.

Der »echte« Cowboy war ein einfacher Mensch, der sein Pferd durchaus nicht nur mit Samthandschuhen anfaßte. Er war aber ein Mann mit einem ausgesprochenen Gerechtigkeitssinn, und so behandelte er in der Regel auch seine Pferde immer fair. Schließlich war der Cowboy bei seiner Arbeit auf seine Vierbeiner angewiesen und sorgte sich darum auch entsprechend um sie. Nur selten standen dem Cowboy allerdings die notwendigen Mittel zur Verfügung, um eine ausreichende – vor allem medizinische – Versorgung zu gewährleisten. So fand er Mittel und Wege, sich mit dem zu behelfen, was ihm die Natur und sein Einfallsreichtum zur Verfügung stellte. Auch in der Ausbildung, im Zureiten der Pferde und während der alltäglichen Arbeit war ein Cowboy auf eigene Ideen und Tricks angewiesen, die ihm das Leben und Arbeiten mit den Pferden vereinfachten. Dabei nahm er sich nicht selten auch die Indianer zum Vorbild, die sich – kaum daß sie das Pferd als Reittier zu schätzen gelernt hatten – hervorragende Fähigkeiten im Umgang mit Pferden angeeignet hatten.

Die Identität des »echten« Cowboys hat wenig mit der Vorstellung der Filmhelden in Wildwestfilmen zu tun.

Auch wenn der Cowboy kein Pferd hatte, das bis zum nächsten Morgengrauen wie angewurzelt stehenblieb – wie es in vielen Wildwestfilmen vorgegaukelt wird –, fand er doch eine Möglichkeit, ohne Zaun oder Anbindevorrichtungen sein Tier am Weglaufen zu hindern. Genausogut war es ihm möglich, unterwegs für sich und sein Pferd Nahrung und Wasser zu finden. Und schließlich war dem Cowboy beispielsweise das Lenken seiner Pferde nach entsprechender Ausbildung allein durch Gewichtshilfen möglich, ein Herumzerren am Zügel erübrigte sich. Im Film werden solche lebensnotwendigen Bedeutsamkeiten im Leben der Cowboys der Einfachheit halber oftmals schlichtweg übergangen.

Viele Tips und Tricks, die der amerikanische Cowboy auf seinen langen Trailritten ersonnen und angewendet hat, kann auch der heutige Western- und Wanderreiter in seinem täglichen Umgang mit Pferden verwerten. Einige Dinge wird der eingefleischte Westernreiter sicherlich als Selbstverständlichkeit betrachten, weil er manche Gepflogenheiten mit der Reitweise übernommen hat. Doch vieles wird dem Leser noch unbekannt sein, hilfreiche Praktiken, die in Vergessenheit geraten sind, aber durchaus noch sinnvoll angewendet werden können. Viele Tips und Tricks der alten Cowboys und Indianer konnte ich nach langen Recherchen wieder ausgraben. Sie werden den Western- und Wanderreitern mit Sicherheit auch heute noch über so manches Problem hinweghelfen. Nicht zuletzt sind mir auch viele Kuriositäten untergekommen und auch Methoden, die man dem heutigen Reiter keinesfalls weiterempfehlen kann. Dennoch möchte ich sie dem Leser

---

AUF EINEN BLICK

Der Ehrenkodex des Cowboys in 10 Geboten

1. Du sollst Dich nicht um die Vergangenheit Deines Nächsten kümmern.
2. Du sollst zu einem Fremden gastfreundlich sein und für sein Wohlergehen selbst Dein Leben einsetzen.
3. Du sollst jedem Feind eine faire Chance geben und ihn nur bekämpfen, wenn er das Weiße in Deinen Augen sehen kann.
4. Du sollst auf keinen unbewaffneten Mann schießen und von einem Gegner, der aufgibt, ablassen.
5. Du sollst keine Beleidigung aussprechen, ohne mit ernstesten Konsequenzen zu rechnen.
6. Du sollst nicht undankbar sein.
7. Du sollst Dich verteidigen, wann immer Selbstverteidigung notwendig ist. Dabei spielt Dein Leben keine Rolle, wichtig allein ist Deine Ehre und Selbstachtung.
8. Du sollst keinem etwas wegnehmen, das Dir nicht gehört.
9. Du sollst hilfsbereit sein, den Schwachen und Frauen beistehen und sie gegen alles und jedermann verteidigen und nicht dulden, daß ihnen auch nur ein Haar gekrümmt werde.
10. Solange niemand Deine Hilfe verlangt oder erwartet, kümmere Dich um Dich selbst.

(Aus: H. J. Stammel, »Der Cowboy – Legende und Wirklichkeit von A–Z«, 1972.)

nicht vorenthalten, da sie doch hochinteressant sind. Ich hoffe, daß es mir in diesem Buch zugleich gelingt, einiges über das echte Leben und den wahren Charakter der Cowboys und Indianer zu vermitteln. Der Unterschied (den viele immer noch nicht sehen wollen) zwischen dem »echten« Westernreiter, der die Reitweise der »alten« Cowboys übernommen hat, und dem »Möchtegern-Cowboy«, dem der Colt an der Hüfte als das wichtigste Utensil erscheint, ist gewaltig und dieses Buch möglicherweise auch ein Weg, dies zu verdeutlichen.

Das harte Cowboyleben war nur selten von romantischen Eindrücken geprägt.

Leben mit Pferden

Unter natürlichen Lebensbedingungen kennen Pferde keine Stallungen. Schutz vor Unwettern und Stürmen finden die Tiere unter Bäumen und an windgeschützten Stellen. Auch auf den langen Rindertrecks konnten die Cowboys ihren Pferden keine Ställe bieten. Oftmals war es auch nicht möglich, geschützte Plätze für die Nachtruhe oder bei Schlechtwetterperioden aufzusuchen. So waren Mensch und Tier den Stürmen wehrlos ausgesetzt. Viele Tiere, aber auch Cowboys, mußten auf dem amerikanischen Kontinent bei starken Stürmen und Blizzards ihr Leben lassen.

»1871 war ich der erste, der eine Longhornherde nach Salt Lake City in Utah trieb. Bis zum Salmon River in Kansas ging alles gut, aber dann wurde es kalt, und Schnee fiel und deckte alles Gras mehr

Auch robust gehaltenen Pferden können Nässe und Kälte zu schaffen machen. Ein Schutz vor Wind und Wetter muß daher auf der Weide vorhanden sein.

*als fußhoch zu. Die Pferde erfroren am La-
gerfeuer, und viele Rinder starben…«*

(Sam Garner, *Lockart, Texas, 1872;
aus: H. J. Stammel, »Das waren noch
Männer«, Reinbek b. Hamburg, 1973.)*

So der Bericht eines Cowboys aus
dieser Zeit. Solche und ähnliche Überlie-
ferungen von erfrorenen Pferden wider-
legen die Behauptung vieler Robustpfer-
dehalter: »Noch nie ist ein Pferd erfroren, dafür sind aber schon viele erstickt!«
Gemeint ist damit, daß Pferde frische
Luft dringend nötig haben und Lungen-
schäden nur in stickiger Stalluft entstehen. Pferde sind Frischluftfanatiker, und
es gibt für ein Pferd nichts Schlimmeres
als schlechte Luft. Dennoch sollte auch
das robust gehaltene Pferd die Möglichkeit haben, jederzeit eine wind- und re-
gengeschützte Stelle aufzusuchen. Wenn
diese Möglichkeiten geschaffen sind,
braucht sich der Pferdebesitzer keine
Gedanken mehr darüber zu machen, ob
sein Pferd erfrieren könnte: So kalte
Schneestürme wie in Utah gibt es in unseren Breiten gar nicht.

Allerdings muß ein Pferd an die robu-
ste Haltungsform gewöhnt werden.
Wenn die Umstellung langsam erfolgt,
kann man beobachten, daß das Winterfell
des Pferdes jedes Jahr dichter und länger
wird und es sich so regelrecht einen natürlichen Mantel zulegt. Auf diese Weise
wird die Lunge des Pferdes am besten gesund erhalten. Durch die erzwungene
Robusthaltung waren für den alten Cowboy Lungenerkrankungen seiner Pferde
kein Thema. Übertriebenes Umsorgen
der Vierbeiner kann eben auch eher einmal schädlich als nützlich sein.

Ein Unterstand reicht als Wetterschutz.
So fühlen sich Pferde am wohlsten.

Das Pferd als Partner

Zeit für das Pferd

Gerade Freizeitreiter sind bemüht, zu ihrem Pferd ein besonderes Vertrauensverhältnis aufzubauen. Jeder Reiter ist stolz darauf, wenn ihm sein Pferd »auf Pfiff« gehorcht, wenn es ihm wie ein Hund nachläuft und sich immer anständig benimmt. Grundvoraussetzung hierfür ist konsequente Fairneß, die man dem Pferd gegenüber aufbringen muß.

Der Westernreiter nennt dies in seiner Fachsprache »Horsemanship«. Das Wort beinhaltet eigentlich nichts anderes als eine Selbstverständlichkeit, nämlich die pferdegemäße Behandlung des Vierbeiners. Dazu gehört an erster Stelle die artgerechte Haltung, wobei das Tier seine natürlichen Bedürfnisse ausleben und ein ausgeglichenes Gemüt bewahren kann. Außerdem muß jeder Umgang mit dem Pferd so eindeutig sein, daß das Tier ver-

Rauh, aber herzlich

Philip Ashton Rollins beschrieb das allmorgendliche Satteln mit folgendem Mustermonolog:
»*Morgen,* Pete. *Hoffe, daß du in Ordnung bist. Habe ein Stück Eisenbonbon (Kandare) für dich. Mach's Maul auf, du Affe. Heh, laß das,* Pete. *Aufhören, sage ich.* Pete, *laß das sein, zum Teufel. Hör zu, du wanzenäugiger, schlitzohriger, krummbeiniger, verlauster, platthufiger Cayuse! Jetzt beugst du deinen indianischen Gummihals, oder ich ziehe dir die Haut bei lebendigem Leibe ab. Halt still, verdammt, jetzt sind die Ohren dran. Na, ist das nicht 'ne feine Brautkrone? So, du zahnloses Ungeheuer, reif für den Suppentopf bist du. Jetzt der Sattel. Woouuuh! Stillhalten! Hast 'nen Rücken wie 'n Geigenkasten.*

Wenn du mich in die Hose beißt, pflücke ich dir alle Zähne aus dem Maul und ramme sie dir so tief in den Hals rein, daß du mit den Füßen kauen kannst! Ruhig, zum Teufel! Das ist ein feines Sattelgürtchen, was? Zieh deinen Hängebauch ein. Los, nun furz schon, du Mistvieh, damit die Luft rausgeht. Na also, schon vorbei, mein Zwiebelchen. Bist 'n Glücksjunge, Pete, *daß ich so 'n Gemütsmensch bin. Laß das,* Pete. *Aufhören!* Pete, *du hundsschnäuzige, verlorene Seele, ich haue dir ein Schaufenster in deinen Bauch, wenn du jetzt nicht ruhig stehst. Hah, siehst du, Junge. Bist schon ein verdammt feiner Gaul!*«
(Aus: H. J. Stammel, »Der Cowboy – Legende und Wirklichkeit von A–Z«, 1972.)

stehen kann, was sein Besitzer oder Reiter von ihm will. Es muß ihn ja erst verstehen können, um seine Wünsche zu erfüllen.

Wichtig auf dem Weg zur erfolgreichen Horsemanship ist es, so viel Zeit wie möglich mit dem Pferd zu verbringen. Dabei kann man sehr gut die Pferdesprache kennenlernen und die Reaktionen seines Vierbeiners einschätzen. Gerade weil der Cowboy jeden Tag stundenlang mit seinen Pferden bei der Arbeit zusammen war, konnte sich eine entsprechende Beziehung zwischen Mensch und Tier entwickeln. Dabei war der Cowboy in der Regel kein »Pferdenarr«, für ihn war das Pferd ein »Kollege« bei seiner Arbeit. Unter normalen Umständen gehörte dem Cowboy das Pferd gar nicht, das er bei seiner Arbeit ritt. Es war im allgemeinen das Eigentum des Ranchers. Manchmal entwickelten sich richtiggehende Freundschaften, in den meisten Fällen aber war es eine Art erzwungene »Haßliebe« zwischen Cowboy und Pferd.

Auch wenn der Cowboy nicht immer ein Pferdeliebhaber war, so war er immer fair zu seinen Tieren. Das lag zum einen am ausgeprägten Gerechtigkeitssinn dieser Menschen. Zum anderen waren sie dazu auch gezwungen: Es waren meistens nicht seine eigenen Pferde, die ein Cowboy ritt, sondern die der Ranch, und wenn er diese Pferde ungerecht behandelt oder zu Schaden gebracht hätte, hätte er sofort seinen Job verloren. So faßte er die Pferde, die er zu reiten bekam, zwar nicht mit Samthandschuhen an, aber er ließ sich auch nie zu Gewaltanwendungen hinreißen. Das ist um so anerkennenswerter, als viele Pferde im »Wilden Westen« keineswegs mit unseren zahmen Hauspferden zu vergleichen waren. Viele waren halbwild, oftmals waren auch heimtückische und eigenwillige Geschöpfe darunter. Der Umgang mit ihnen war nicht immer einfach.

Verhalten deuten

Ein erster Schritt, Pferde »horsemanlike« zu behandeln, ist das richtige Deuten des Verhaltens, also das Verstehen der Pferdesprache. In der Regel hatte der Cowboy bis zu sieben Pferde zur Verfügung, die er abwechselnd auf einem Viehtrieb ritt.

AUF EINEN BLICK

Kleines Lexikon der Pferdesprache

Mimik	*Bedeutung*
Zurückgelegte Ohren	Drohung (das Pferd kann bald ausschlagen oder beißen)
Schweifschlagen	Unbehagen oder Schmerz
Falten über den Nüstern	Mißmut, Ärger
Gespitzte Ohren	Aufmerksamkeit, Interesse
Zusammengepreßtes Maul	Ärger, Wut
Scharren, Stampfen	Ungeduld
Geblähte Nüstern	Aufregung
»Rollende« Augen	Furcht, Nervosität

Die Mimik eines Pferdes sagt
viel über dessen
Stimmung aus.

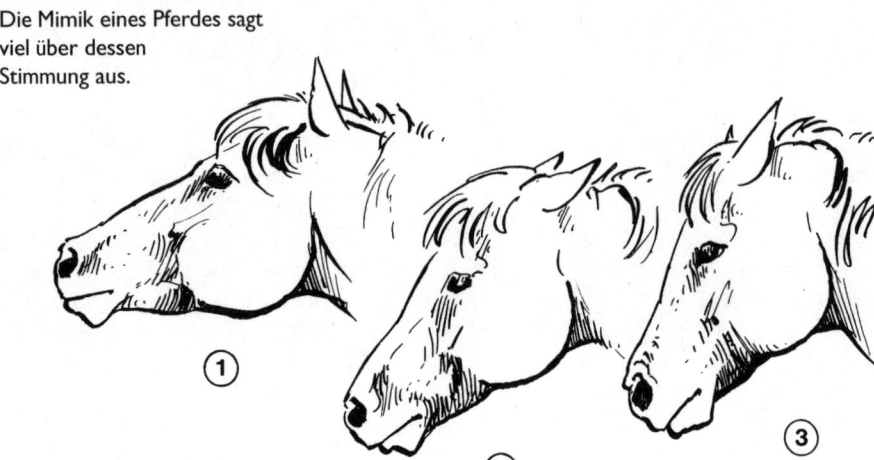

① Gespitzte Ohren: Aufmerksamkeit, Interesse
② Zurückgelegte Ohren: Drohung
③ Falten über den Nüstern: Unbehagen, Schmerz,
   Mißmut
④ »Rollende« Augen: Furcht, Nervosität
⑤ Geblähte Nüstern: Aufregung

Die Pferdsprache kann man am besten erlernen, wenn man das Verhalten einer Pferdeherde beobachtet.

Die Wechselpferde wurden neben den Rindern in einer Herde mitgetrieben. Diese Herde nannte man »Remuda«. Ein bestimmter Cowboy war jeweils damit beauftragt, die Pferdeherde zu beaufsichtigen und mitzutreiben. Diesen Mann nannte man »Horsewrangler«. Der Wrangler verstand es, mit Pferden besonders gut umzugehen, denn es war ihm immer möglich, die Pferde im Herdenverhalten zu beobachten. Dadurch lernte er automatisch die Sprache der Pferde kennen und konnte so sehr gut auf die Belange der Tiere eingehen.

Auch heute sollte der Reiter jede Gelegenheit nutzen, Pferde im Herdenverhalten zu beobachten. Sehr gut ist dies auf einer Weide möglich, auf der mehrere Pferde zusammen stehen.

Der Schweif als Stimmungsbarometer

Ganz anders als beim Hund, der mit dem Schwanzwedeln Freude ausdrückt, ist das Schweifschlagen beim Pferd ein eindeutiges Zeichen für Unbehagen oder Schmerz. Der Cowboy nannte ein Pferd,

---

Sprechende Pferde

Um Pferde besser zu verstehen, sollte man nicht bis Weihnachten warten. Ein Aberglaube der Cowboys besagte nämlich, daß Pferde am Heiligen Abend um Mitternacht sprechen könnten.

---

das nervös mit dem Schweif peitscht, »Wring-Schweif«. Bei einem Pferd, das stark mit dem Schweif schlägt, muß man nach der Ursache für seine Schmerzen oder sein Unbehagen suchen. Manchmal sind es die Fliegen, die es quälen, aber oft auch brutale Reitereinwirkungen mit Sporen und Zügel.

»Rollende« Augen

Wenn ein Pferd die Augen so verdreht, daß das »Weiße« sichtbar wird, vermittelt es meist den Eindruck, besonders gefährlich zu sein. Oft haben diese Pferde aber nur sehr viel Angst und rechnen damit, daß in jeder Ecke eine Gefahr lauert. Darum »schielen« sie nervös umher, gebärden sich wild und versuchen, jede Flucht-gelegenheit zu nutzen. Pferde sind Fluchttiere, und so wird jedes Pferd sein Heil in der Flucht suchen, wenn es vor etwas Angst bekommt. Der eigentliche Grund für »rollende« Augen ist aber nicht Wildheit, sondern immer Furcht (siehe auch: Das »Menschenauge« des Appaloosa, im Kapitel: Pferdebeurteilung).

Das Wandern ist des Pferdes Lust

Zu den natürlichen Verhaltensweisen des Pferdes gehört das Umherwandern bei ständiger Nahrungsaufnahme. Permanente Bewegung macht die Pferde ausgeglichen. Die Tiere sind zufriedener, und dem Reiter erleichtert es den Umgang

---

Schweifschläger

»Wring-Schweif-Pferde« bekommt man in Westernfilmen häufig zu sehen. Der unwissende Zuschauer sieht darin Lebensfreude und Temperament eines Pferdes. In Wirklichkeit sind dies aber Anzeichen von Schmerzen, da das Tier gequält wird. Nicht selten wird es mit der Peitsche geschlagen, mit Sporen traktiert und mit der Kandare im Maul gerissen. Solche Bilder sind reine Tierquälerei! Ein Filmproduzent sagte dazu:
»Na und? Die Zuschauer haben keine Ahnung. Sie mögen so was. Das sieht verdammt gut aus!«
(Aus: H. J. Stammel, »Der Cowboy – Legende und Wirklichkeit von A–Z«, 1972.)

Oberste Reiterregel:
Zuerst wird das Pferd versorgt!

mit den Vierbeinern. Wenn Pferde in Boxen gehalten werden, staut sich der Bewegungsdrang sehr oft auf, und die Pferde »explodieren« dann regelrecht, wenn sie aus der Box geführt werden. Ablongieren vor dem Reiten hilft manchmal, ist aber nur eine »Ersatzlösung« für regelmäßigen Weidegang oder auch längere Ausritte. Der Cowboy ließ besonders temperamentvolle Pferde, bevor er sie unter den Sattel nahm, in der Remuda mitlaufen, bis sie sich einigermaßen ausgetobt hatten. Dann ließen sie sich ruhiger reiten.

Zuerst das Pferd...

Eine Faustregel, die auch heute noch gelten sollte, ist, daß zuerst das Pferd versorgt wird, bevor sich der Reiter an den Tisch setzt oder schlafen geht. Das Pferd ist nun mal auf die Versorgung durch den Menschen angewiesen, wenn es schon seiner Freiheit beraubt wurde und darum nicht mehr selbst auf Futtersuche gehen kann. Zudem steht es stets treu im Dienste des Menschen und hat als »arbeitender Partner« als erster das Recht, am Abend sein Futter und seine Ruhestätte zu erhalten.

Für den Cowboy war es selbstverständlich, daß er sich zuerst um seine Pferde kümmerte, bevor er seinen eigenen Hunger stillte. »Zuerst das Pferd und dann der Reiter« ist das erste »Horsemanship«-Gebot. Nur mit diesem Grundsatz läßt sich ein faires Verhältnis zum Pferd aufbauen.

Die Kunst, Pferde einzufangen

Je größer die Weide, je saftiger das Gras und je listiger das Pferd, desto schwieriger läßt es sich auf der Weide einfangen.

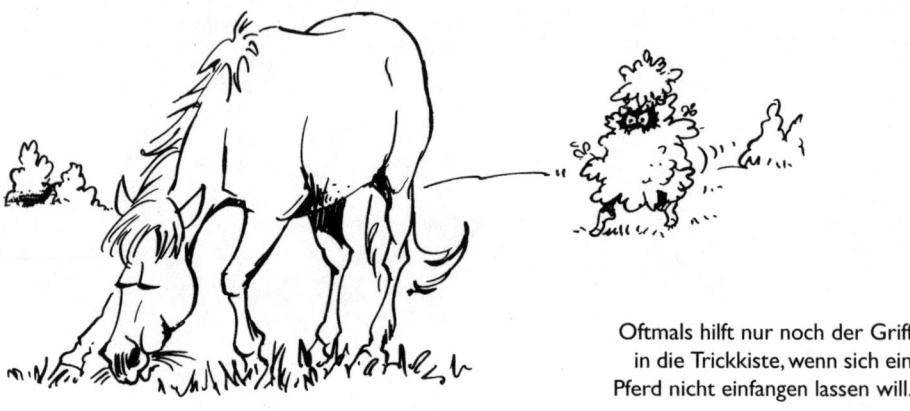

Oftmals hilft nur noch der Griff in die Trickkiste, wenn sich ein Pferd nicht einfangen lassen will.

Vor allem dann, wenn der Reiter bereits mit dem Zaumzeug über der Schulter anmarschiert. Da helfen nach kurzer Zeit auch keine Leckereien mehr, mit denen man versucht, das liebe Tier anzulocken. Ständiges geduldiges Nachlaufen, bis es dem Pferd zu dumm wird, macht auf Dauer keinen Spaß. In die Enge treiben funktioniert auch nicht mehr, und sich nach Indianerart anzuschleichen, schlägt oft gänzlich fehl. Schließlich ist ein grasendes Pferd ständig auf der Hut.

Solch clevere Pferde müssen im Gegenzug genauso überlistet werden, wenn man Erfolg haben will.

Erstes Gebot: Niemals direkt auf das Pferd zusteuern! Das empfindet das Tier bereits als Konfrontation. Entweder man bewegt sich in langsamem Zickzack auf das Pferd zu, oder man schlägt einen großen Bogen. Der Weg muß immer aus einem Bogen bestehen, nie geradeaus gehen! Bei geradem Weg kann das Pferd vorausberechnen, wohin man geht, bei gebogenen Linien nicht.

Zweites Gebot: Niemals zum Pferd hinsehen! Immer so tun, als wäre es überhaupt nicht vorhanden. Das Pferd beobachtet den Reiter mit Sicherheit ununterbrochen. Darum auch nicht aus dem Augenwinkel schielen! Das Pferd würde dies sofort erkennen, und schon hat sich der Reiter verraten.

Drittes Gebot: Immer zuerst auf ein anderes Pferd zugehen. Das Pferd, das man gar nicht reiten will, tätscheln und mit Leckereien füttern. Es wird sich freuen. Und unser Reitpferd wird neugierig und vielleicht sogar auch ein bißchen eifersüchtig. Das hat meist zur Folge, daß es auf uns zukommt!

Wenn das nicht klappt, muß man zur nächsten List greifen: Man schlendert also weiter, aber bewußt an dem Pferd vorbei, das man einfangen will. Wichtig ist, niemals zum Pferd hinzusehen. Geht man gerade in einem Abstand von nur noch zwei Metern am Pferd vorbei, schlägt man plötzlich einen Haken, geht schnurstracks auf den Vierbeiner zu und legt ihm den Arm um den Hals. Das muß schnell, aber nicht hektisch geschehen. Das Pferd ist darauf nicht gefaßt und kann so schnell meist nicht reagieren.

Wenn das Pferd nicht freiwillig kommt, ist etwas faul!

Wenn sich ein Pferd nicht einfangen läßt, ohne es mit Leckereien zu locken oder anderweitig zu überlisten, sollte das für den Reiter auf jeden Fall ein Alarmsignal sein. Ein solches Verhalten bedeutet, daß sich das Pferd beim Gerittenwerden nicht wohl fühlt und sich darum vor der Arbeit drücken will. Viel schöner ist es, wenn das Pferd freudig auf seinen Reiter zukommt, egal, ob dieser einen Apfel oder ein Halfter in der Hand hat.

Pferdebeurteilung

Was ist ein »echtes« Westernpferd?

Die eigentliche Westernpferderasse ist das Quarter Horse, das sich aus den von den Eroberern mitgebrachten spanischen Pferden und den später aus dem Osten eingeführten Vollblütern in Amerika entwickelt hat. Die gescheckte Variante nennt man Paint Horse. Eine weitere Ras-se ist der Appaloosa, dessen Entstehung den Nez-Percé-Indianern zu verdanken ist, die eine besondere Vorliebe für die getupften, gepunkteten und gescheckten Pferde hatten und mit diesen Pferden eine auf Leistung basierende Zucht aufbauten. Da Quarter Horses, Paints und Appaloosas nach ihren Fähigkeiten als Cowponys selektiert wurden, gelten sie auch heute noch als die für den Westernreitsport am besten geeigneten Pferde.

Das typische Westernpferd ist kompakt gebaut.

So schnell die Hufe tragen...

Als das schnellste Pferd der Welt über die Viertel-Meilen-Distanz (ca. 400 Meter), von der sich auch sein Name ableitet, ist das Quarter Horse auch heute noch bekannt. Ein gutes Quarter Horse läuft diese Strecke in weniger als 23 Sekunden! Die Höchstgeschwindigkeit von etwa 76 km/h erreicht es dabei nach etwa 80 Metern. Ab 130 Metern fällt die Geschwindigkeit auf ungefähr 72 km/h ab, aber diese hält das Pferd bis zum Ziel durch. Über die Viertel-Meilen-Distanz schlägt das Quarter Horse an Schnelligkeit sogar das Englische Vollblut.

Der schwarze Hengst *Billy Bay* lief unter seiner Reiterin *Virginia Slade* im Jahre 1864 in genau 21 Minuten 12 Meilen, das sind 19,2 Kilometer! Der Weg führte dabei über steiniges Gelände, Hügel hinauf und hinunter, durch hohes Gras und über rauhen Boden. Die Durchschnittsgeschwindigkeit lag, trotz dieser schlechten Bodenverhältnisse, bei unglaublichen 55 km/h.

Auch General *Custer* ritt mit einer ganzen Schwadron 225 km weit in nur 17 Stunden, wenn man seinem Tagebuch Glauben schenken darf.

Ganz schön flott! Mit 76 Stundenkilometern Höchstgeschwindigkeit ist das Quarter Horse unterwegs.

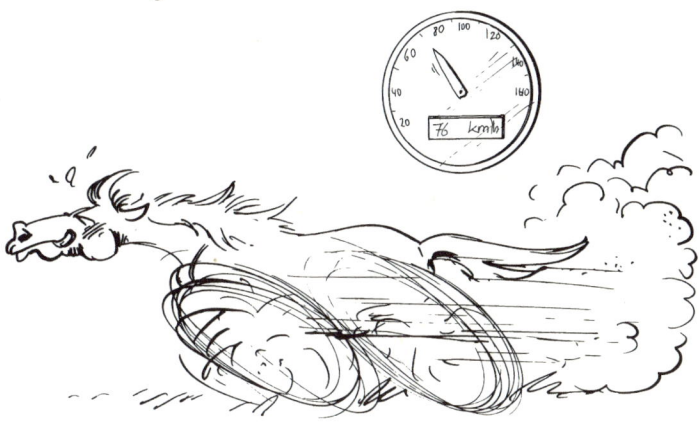

Texanerlatein

Die Texaner nehmen für sich in Anspruch, daß sie das Quarter Horse gezüchtet hätten. Es heißt, diese Pferderasse sei aus einer Kreuzung zwischen einem Vollbluthengst und einer schwarzen Indianerstute hervorgegangen. Fest steht aber, daß es dieses muskulöse Pferd schon in Virginia und Carolina gab, bevor Texas überhaupt besiedelt war, nämlich vor der amerikanischen Revolution im Jahre 1775. Das erste offizielle Quarter-Horse-Rennen wurde sogar schon im Jahre 1674 in Virginia registriert.

Aber auch alle anderen Pferderassen, die ein einigermaßen kompaktes Gebäude und einen »klaren« Kopf haben, eignen sich für die Westernreitweise genausogut, wenn man nicht gerade auf den großen Turnieren glänzen will. Auch gegen die meisten Rassenkreuzungen ist im allgemeinen nichts einzuwenden.

Altersbestimmung beim Pferd

An den Zähnen läßt sich das Alter eines Pferdes in der Regel sehr gut erkennen. Auch der Cowboy wußte nach einem Blick ins Pferdemaul sofort, wie alt das Pferd war. Die Altersbestimmung ist gar nicht so schwer. Von zweieinhalb bis fünf Jahren sind die Pferde im Zahnwechsel. Er beginnt mit den vordersten Zähnen und setzt sich nach hinten fort. Ab dem sechsten Lebensjahr erkennt der fachkundige Blick die sogenannte »Bohne«, eine dunkle Vertiefung an den Reibeflächen der Schneidezähne. Sind die vordersten Zähne abgenutzt, ist das Tier sechs Jahre alt, sind die nächsten beiden Zähne abgenutzt, ist es sieben und so weiter. Mit dem neunten Lebensjahr wird es zunehmend schwieriger, das Alter festzustellen. Ab hier werden die Zähne immer flacher und länger. Fachleute können das Alter aber dennoch recht gut schätzen und täuschen sich höchstens um ein oder zwei Jahre.

Der Wert eines Pferdes

Pferde waren im »Wilden Westen« bei weitem nicht soviel wert wie bei uns heute. Da es Pferde im Überfluß gab – vor allem die wilden Mustangs vermehrten sich sehr stark –, konnten Cowboys und Indianer entlaufene oder tote Pferde schnell wieder ersetzen. Allerdings wurden indianisch zugerittene Pferde sehr viel höher gehandelt als ein vom Cowboy »eingebrochener« Bronco (siehe auch: Einbrechen, im Kapitel: Zureiten und Ausbilden, S. 90).

Pferdekennzeichnung

Es gibt mehrere Methoden, Pferde zu kennzeichnen. Ursprünglich markierte man Tiere, um sie als eigenen Besitz auszuweisen. Der spanische Conquistador

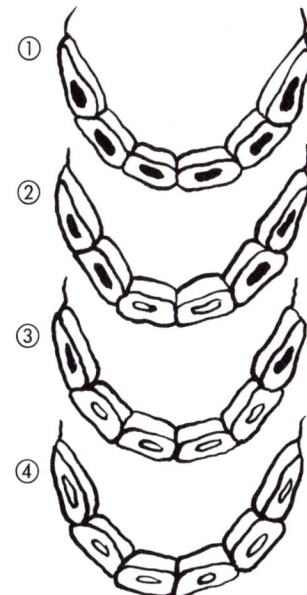

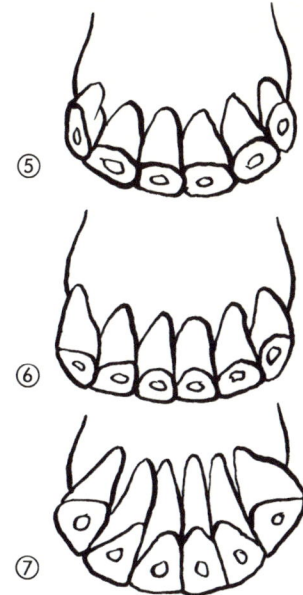

Der Cowboy konnte das Alter des Pferdes anhand der Zähne ziemlich exakt bestimmen.

① ca. 5 Jahre alt
② ca. 6 Jahre alt
③ ca. 7 Jahre alt
④ ca. 8 Jahre alt

⑤ ca. 10 Jahre alt
⑥ ca. 12 Jahre alt
⑦ älter als 12 Jahre

Je flacher die Zähne, desto älter das Pferd.

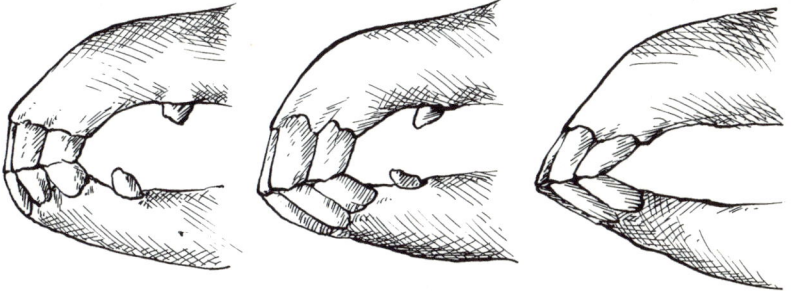

Zangengebiß (bis 8 Jahre)   Halbes Winkelgebiß (9–15 Jahre)   Winkelgebiß (über 15 Jahre)

Hernando Cortez führte in Amerika erstmals das Brandzeichen ein, wobei er seinen wenigen andalusischen Rindern, die er mit sich führte, drei Kreuze in die Haut brennen ließ.

Heute erhalten Pferde in der Regel einen Brand, um ihre Rassenzugehörigkeit festzuhalten, nur noch selten findet man Brandzeichen zur Besitzanzeige. In jüngerer Zeit ist das Brandmarken der Tiere allerdings in die Diskussion geraten, da manche den Heißbrand für Tierquälerei halten. Die Suche nach alternativen Kennzeichnungsmethoden, die auch dem Diebstahl vorbeugen sollen, hat den Kaltbrand und die Markierung mit einem unter die Haut eingepflanzten Mikrochip hervorgerufen. Es hat sich allerdings herausgestellt, daß der Kaltbrand mit länger anhaltenden Schmerzen als beim Heißbrand verbunden und keinesfalls so schmerzlos ist, wie es des öfteren behauptet wurde.

Die Mikrochipmarkierung hingegen ist noch im Versuchsstadium. Das Lesen des implantierten Chips sowie seine Entfernung nach dem Tod des Pferdes bereiten Probleme, und auch andere Auswirkungen, wie das Wandern des Chips im Körper und ähnliches, sind noch nicht ausreichend erforscht. Fest steht aber, daß das Implantieren mit einer dicken hohlen Nadel, die den circa 11 Millimeter langen Transponder (der den Mikrochip enthält) unter die Haut transportiert, ebenfalls keineswegs schmerzfrei für das Pferd ist. Die beste Markierungsmethode scheint darum immer noch der Heißbrand zu sein, der auch im »Wilden Westen« weit verbreitet war.

Wer ein Pferd ohne Brandzeichen besitzt (in der Regel Mischlinge), es aber dennoch markieren möchte, um es vor Diebstahl zu schützen, sollte sich zuvor darüber Gedanken machen, ob es nicht bessere Mittel dazu gibt. Ein einbruchsicherer Stall und eine fest verschlossene Weide sind unbedingt nötig.

Leider kann man einen Diebstahl aber nicht immer verhindern. Zur Identifizie-

Vielerlei »Brandursachen«

Da sich bei der Heißbrandmethode der Schmerz in Grenzen hält und sich noch keine alternative Kennzeichnungsart durchgesetzt hat, ist es aus Tierschutz-Gesichtspunkten sicherlich akzeptabel, wenn Pferde zur Identifizierung und Rassenkennzeichnung ein Brandzeichen auf dem Hinterschenkel oder am Hals erhalten.

Der Cowboy allerdings »sparte« bei seinen Tieren keineswegs mit den verschiedenartigsten Brandzeichen. Bei den Rindern waren bis zu acht Brandzeichen keine Seltenheit. Dabei hatte jedes Brandzeichen seine besondere Bedeutung.

Es gab beispielsweise den Eigentümerbrand, den Treckbrand, den Kommissionsbrand, den Round-Up-Brand, den Brand für den zweiten Eigentümer und so weiter. Das richtige Lesen und Deuten von diesen Brandzeichen ist eine Wissenschaft für sich und fiel sogar manchem Cowboy schwer, obwohl er oftmals Experte auf diesem Gebiet war.

rung kann man sich eine Mappe zusammenstellen, in der man alle Narben, Abzeichen und Besonderheiten des Pferdes festhält. Zusätzlich fotografiert man das Pferd von allen Seiten und legt die Fotos dazu. Am besten ist es, wenn man Bilder mit dem Sommer- und dem Winterfell des Pferdes hat. Nach zwei bis drei Jahren sollten alle Fotos erneuert werden, denn auch Pferde verändern sich oftmals in ihrer Farbe (Schimmel, Appaloosa) und im Ausdruck. Auch können neue Narben hinzugekommen sein. Die Identifikationsmappe mit Impfpaß, Versicherungs-

schein und allen anderen Papieren bewahrt man an einem sicheren Ort auf.

Abschreckend für Diebe ist sicherlich auch ein Schild an der Weide mit beispielsweise folgendem Wortlaut: »Diebstahl zwecklos – Der Pferdebestand ist registriert.«

Indianische Pferdebemalung und was sie bedeutet

Der Indianer schätzte das Pferd vor allem als Kriegs- und Jagdpartner in ganz besonderem Maße, das fast an Verehrung grenzte. So schmückte er seine Tiere auch mit Federn und bemalte ihren Kör-

Jedes einzelne Brandzeichen hatte seine spezielle Bedeutung.

Seine Verehrung für sein Pferd brachte der Indianer damit zum Ausdruck, daß er sein Pferd bemalte.

per. Jedes Zeichen, das mit Erd- oder Pflanzenfarben (meist im rötlichen Ton) auf das Fell aufgetragen wurde, hatte seine Bedeutung. Das mit einem Kreis umrandete Auge sollte dem Pferd dazu verhelfen, Gefahren zu sehen, umrandete Nüstern sollten ihm eine Hilfe sein, Gefahren zu wittern. Das Handzeichen auf der Kruppe symbolisierte eine vollendete Aufgabe, und ein herablaufender doppelter Blitz an den Vorderbeinen beschwor die Hilfe des Kriegsgottes. Ein Pfeil am Huf sollte die Geschwindigkeit des Pferdes steigern. Narben von den letzten Kämpfen wurden ausgemalt oder wie Ehrenmale umringt. Je wichtiger die Auf-

gabe war, die Reiter und Pferd zu bewältigen hatten, desto umfangreicher und intensiver war die Bemalung des Pferdes.

»Medicine Hat« bevorzugt

Die Indianer liebten die gescheckten Pferde ganz besonders. Noch heute spricht der Volksmund vom »Indianer«-Pferd, wenn er ein gescheckfes Tier meint. Am wertvollsten war für den Indianer der »Medicine Hat«. Bei dieser seltenen Scheckfärbung sind die Stirn, der vordere Haarschopf und die Ohren dunkelfarbig, während der übrige Kopf und

Hals vorwiegend weiß ist. Die meisten Stämme der Prärie-Indianer glaubten, daß der Reiter eines Pferdes mit einem »Medicine-Hat« in der Schlacht und auf der Büffeljagd unverwundbar sei.

Nur ein Farbschlag

Wenn von einem Pinto die Rede ist, denken viele sogleich an eine Westernpferderasse. Tatsächlich aber ist der Pinto eigentlich gar keine eigenständige Rasse und damit auch nicht unbedingt ein prädestiniertes Westernpferd. »Pinto« bedeutet lediglich, daß es sich um ein gescchecktes Pferd handelt. Es wurde zwar ein Pintozuchtverband gegründet, der sich zur Aufgabe gemacht hat, das gescheckte Pferd gezielt weiterzuzüchten, dennoch gilt jedes Pferd, das ab einem bestimmten Grad unpigmentierte Hautpartien aufweist, als Pinto. Die Schecken werden nach Statur und Größe in fünf verschiedene Typen eingeteilt.

Geschecke Quarter Horses werden übrigens als Paint Horses bezeichnet und als eigenständige Rasse geführt.

Das »Menschenauge« des Appaloosa

Wenn das »Weiße« im Auge eines Pferdes zu sehen ist, meint man ein besonders wildes Pferd vor sich zu haben. Das »Weiße« wird sichtbar durch Verdrehen der Augen, wenn das Pferd Angst hat.

Beim Appaloosa hingegen ist die Pupille weiß umrandet, so daß das Weiße immer zu sehen ist. Man glaubt darum, ein besonders wildes oder ängstliches

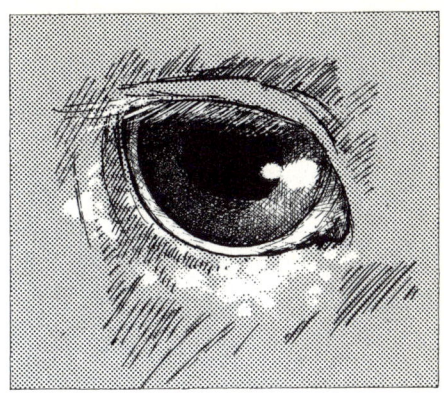

Das »Weiße« im Auge des Appaloosas gibt ihm ein gefährliches Aussehen.

Pferd vor sich zu haben. Man spricht auch vom »Menschenauge«. In Wahrheit ist der Appaloosa aber ein nervenstarkes und zuverlässiges Reitpferd.

Klein, aber oho!

Viele Leute glauben noch heute, daß man erst dann ein richtiger Reiter ist, wenn man auf einem »Großpferd« reiten kann. Je größer ein Pferd, desto stolzer kann der Reitersmann sein, so die landläufige Meinung.

Schon auf Kinder färbt diese Denkweise ab, und sie wünschen sich ein möglichst großes Pferd, da es viel schöner ist, möglichst hoch oben zu sitzen. Dabei sind aber die kleineren Pferde und Ponys oftmals viel klüger, robuster, ausdauernder und leistungsfähiger. Schon die Cowboys und Indianer bevorzugten die kleineren, kompakten Pferde. Der Cowboy schätzte vor allem die Wendigkeit eines kleineren Pferdes, da dies für ihn beim Rindereinfangen und -treiben von

---

Ponys sind die besseren Pferde

Der Cowboy verstand unter dem Begriff »Pony« übrigens jedes eingerittene Sattelpferd, ganz besonders aber seine Lieblings- beziehungsweise besten Rinderpferde, und keineswegs ein »kleines Pferd« wie wir. Der Ausdruck »Pony« im Sprachgebrauch des Cowboys ist für ein Pferd als Aufwertung zu verstehen und keineswegs als »Verniedlichung« oder gar abfällig gemeint, wie es manch europäischer »Herrenreiter« gern sehen würde.

---

großem Vorteil war. Auch der Indianer schwang sich sehr gern auf einen Mustang, der manchmal nur ein Stockmaß von 1,30 Metern erreichte.

Kleine Pferde sind einfach handlicher...

Kuhhessig heißt trittsicher

Ein Pferd mit Stellungsfehlern ist noch lange kein »Beinbruch«, denn nicht immer muß dies ein Nachteil sein. Es ist zwar in der Regel richtig, daß Pferde mit »krummen« Beinen anfällig für frühzeitige Verschleißerscheinungen sind, doch haben die Cowboys beispielsweise kuhhessig stehende Pferde gerade für schwieriges Gelände bevorzugt, da man ihnen eine besondere Trittsicherheit nachsagte.

Säbelbeiner sind die besseren Stopper

Säbelbeinige Pferde stehen in der Regel mit der Hinterhand vermehrt unter dem Schwerpunkt. Solche Pferde sind sehr oft viel bessere Stopper, da sie leichter mit der Hinterhand untersetzen können, vor allem, wenn sie auch noch eine abgeschlagene Kruppe haben. Der Cowboy bevorzugte Säbelbeiner vor allem beim Einfangen der Rinder zum Brandmarken, da hier vom Pferd viele harte Stopps verlangt wurden. Ein Pferd, das nur sehr langsam aus dem schnellen Galopp zum Stehen kam, war für diese Arbeit nicht geeignet.

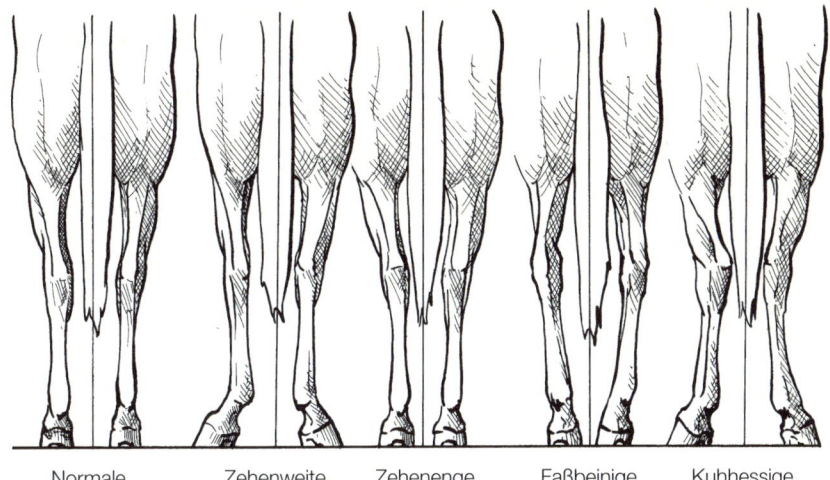

| Normale | Zehenweite | Zehenenge | Faßbeinige | Kuhhessige |

Verschiedene Hinterhandstellungen: Extreme Stellungsfehler sollten vermieden werden, auch wenn man kuhhessigen Pferden eine bessere Trittsicherheit nachsagt.

Pferden mit einer breiten Brust sagt man eine bessere Balance nach.

Von links nach rechts:
Mittelbreite Brust, Rippen gut gewölbt
Engbrüstig, wenig Raum für Herz und Lunge
Extrem breite Brust, Neigung zum »Paddelgang«

Bessere Balance

Pferden mit einer breiten Brust, sagt man eine bessere Balance nach. Die Vorderbeine stehen sehr weit auseinander, sind aber nach unten hin geradlinig geformt. Gerade für den Reiningreiter ist dies ein wichtiger Aspekt. Vor allem beim Spin, der schnellen 360-Grad-Drehung, ist eine gute Balance besonders wichtig.

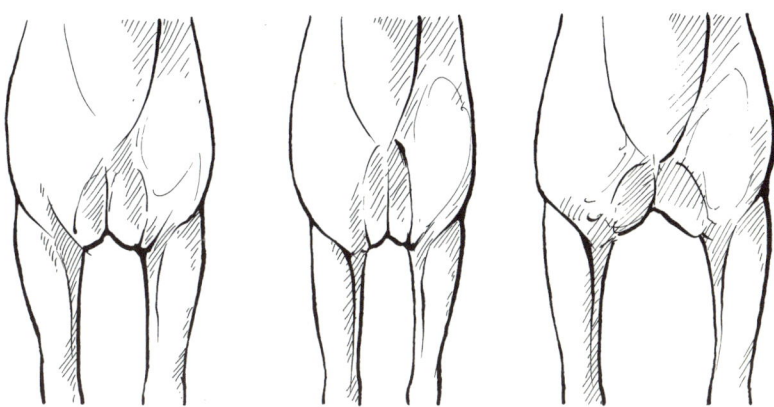

Die Nachteile überwiegen

Auch wenn »krummbeinige« Pferde manchen Vorteil haben können, sollte man sein Pferd niemals nach diesem Kriterium auswählen. Meist überwiegen nämlich die Nachteile bei schwerwiegenden Stellungsfehlern. So neigen säbelbeinige Pferde beispielsweise eher zu Spat.

Guter Wälzer bevorzugt

Wenn sich ein Pferd auf dem Boden wälzt, kaum daß ihm nach dem Reiten der Sattel abgenommen wurde, kann man dies als gutes Zeichen werten, denn es ist ein Hinweis darauf, daß das Pferd an Beinen und Organen gesund ist. Ein Pferd, das Probleme mit seinen Beinen oder Schmerzen im Leib hat, legt sich nicht gern nieder und wälzt sich auch nicht gern. Der Cowboy blieb mit dem Sattel über dem Arm so lange bei seinem Pferd stehen, bis es sich mindestens dreimal von einer Seite auf die andere gerollt hatte. Tat es dies nicht, oder konnte es das nicht, so war es für den Cowboy kein gutes Pferd, denn er glaubte auch, daß das Tier dann »kein sicheres Gefühl für Freiheit« hat.

Was der Kopf aussagt

Schon die Cowboys und Indianer bevorzugten Pferde mit einem kleinen und edlen Kopf. Sie sprachen diesen Tieren mehr Intelligenz zu und schätzten ihr übermütiges Temperament. Einen besonders feinen Kopf haben vor allem die Araber. Diese sind, wie für viele andere Rassen auch, Urahnen der Andalusier, die später nach Amerika kamen. Die meisten Quarter Horses haben heute noch einen kurzen, dreieckigen und edlen Kopf.

Lange Nasen und klobige Köpfe waren bei den Cowboys dagegen nicht sehr beliebt. Man sagte solchen Pferden Sturheit, Unberechenbarkeit, aber auch Faulheit nach.

Rechts oben: Das Leben der Cowboys im »Wilden Westen« wird oft idealisiert und ist mit vielen romantischen Vorstellungen verbunden...
Rechts unten: ...aber in Wirklichkeit ist dies harte Arbeit: Cowboys beim Brennen eines Kalbes.

Seite 34:
Oben links: Ein sogenanntes »Bit« für ein ausgebildetes Pferd
Oben rechts: Ein kunstvoll verziertes Stangengebiß
Unten links: Ein moderner Westernsattel
Unten rechts: Das alles gehört zur Arbeitsausrüstung des Cowboys.

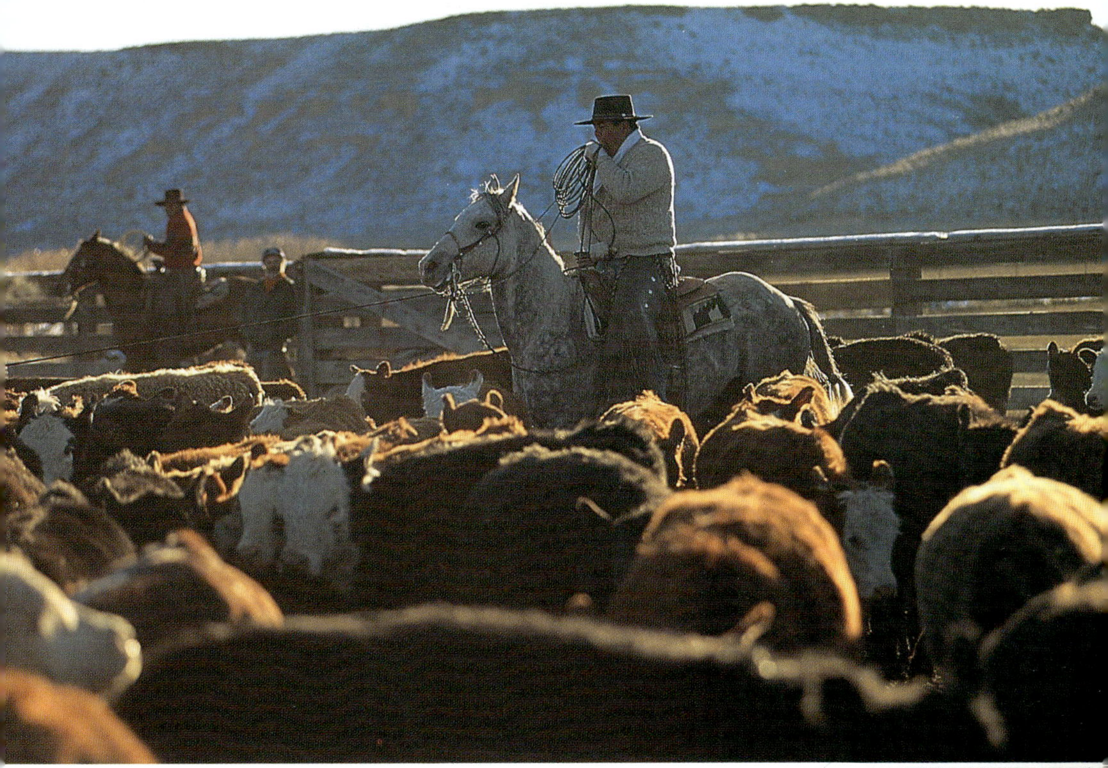
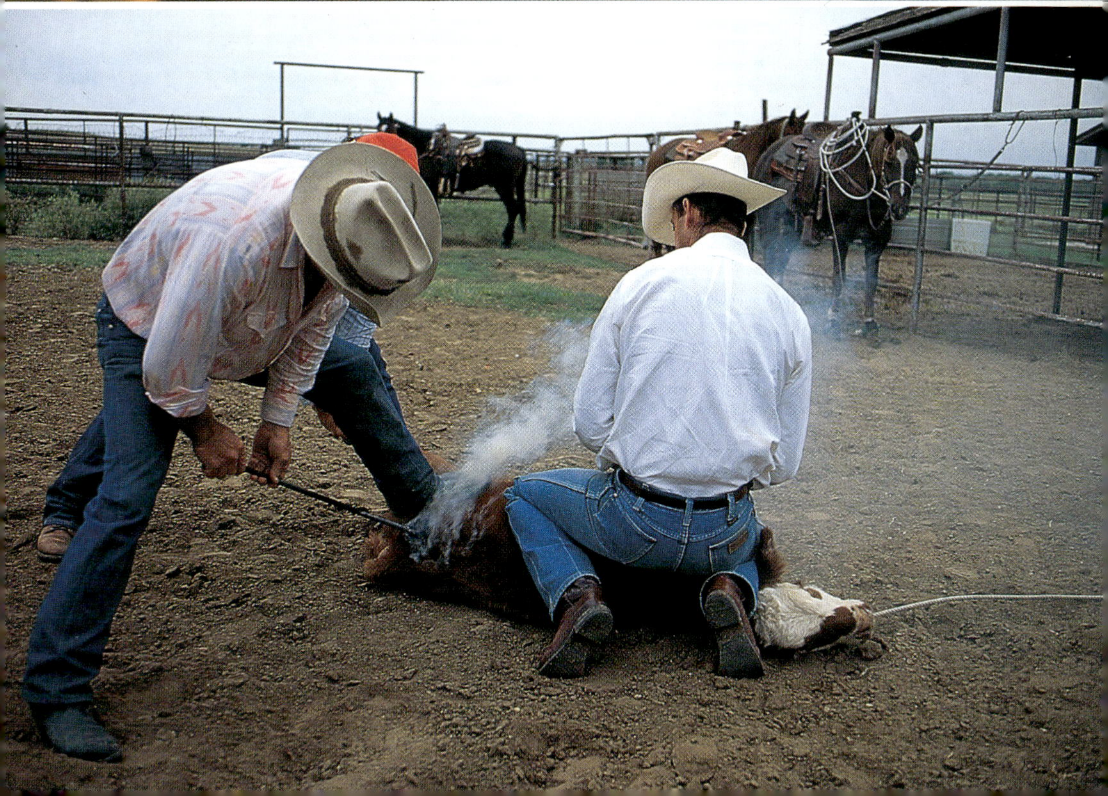

Sture Biester

Esel und Maultiere sind für ihre Sturheit bekannt. Kaum jemand aber wird sich über ein stures Tier freuen, vor allem, weil es so gut wie kein Mittel gibt, dagegen etwas zu tun. Auch der Cowboy war kein Freund von sturen Pferden, Maultieren oder Eseln. Cowboy *Bill Sanders* im Jahre 1879:

»Cowboys mögen diese schlappohrigen, störrischen Biester nicht. Man möchte so einem Vieh, schon wenn man es von weitem sieht, gleich am liebsten die Haut abziehen, weshalb man wahrscheinlich auch Maultiertreiber Maultierabhäuter nennt. Wenn sich so ein Biest plötzlich nicht mehr von der Stelle rührt, zünde ihm ein Strohfeuer unterm Bauch an. Du wirst sehen, es bewegt sich, aber gerade nur so viel, bis dein Wagen über dem Feuer steht. Und sattelst du solch einen Teufelsbastard, so wartet er, bis du hübsch fein im Sattel sitzt, zieht dann den Bauch ein, und du rutschst samt Sattel herunter!«
(Aus: H. J. Stammel, »Der Cowboy – Legende und Wirklichkeit von A–Z«, 1972.)

Maultiere können ziemlich stur sein.

Mit dem Pferd unterwegs

Natürlicher Wetterschutz

Vor allzu extremem Klima, wie es im amerikanischen Westen der Fall ist, bleiben wir zum Glück in unseren Breitengraden verschont. Dennoch kann man von Kälteeinbrüchen oder Schneeschauern überrascht werden und ist dann froh, wenn man einen Schutz vor unliebsamen Niederschlägen und Wetterunbilden findet. Der Cowboy kannte seine Stellen, die er

Der Cowboy erkannte die Himmelsrichtung an der Neigung der Baumwipfel, da der Wind hauptsächlich aus einer Richtung bläst.

Im Sattel festgefroren

Nicht immer erreichte der amerikanische Rinderhirte rechtzeitig die Schutzunterkunft. Davon weiß der Cowboy *Gene Elliston* im Jahre 1892 zu berichten:

»Als der Schneesturm kam, froren Flannellauge-Frank und Bob Blackwell kei- *ne fünf Meilen vom Canyon entfernt in den Sätteln fest und starben, 500 Rinder und 24 Pferde waren erfroren, noch ehe der Sturm seine eisige Kälte über den Canyon hinwegwehte.«*
(Aus: H. J. Stammel, »Der Cowboy – Legende und Wirklichkeit von A–Z«, 1972.)

---

mit seinem Pferd und den Rinderherden aufsuchen konnte, sobald sich ein Schneesturm am Himmel drohend ankündigte. Ein Beispiel hierfür ist die Steilwandschlucht »Alamocitas Canyon« auf dem Gebiet der berühmten XIT-Ranch in Westtexas. Ein Schutz »von oben«, also ein Dach über dem Kopf, ist gar nicht notwendig, da Stürme den Regen oder Schnee nahezu waagrecht über das Land fegen. Man braucht lediglich eine Art Wand, hinter der man auf der windabgewandten Seite Schutz suchen kann. Canyons waren für den Cowboy hierfür ideal, zumal der Cowboy gleichzeitig seine Rinderherde dabei gut unter Kontrolle hatte.

Wann regnet es?

Wer hat heutzutage nicht einen überfüllten Terminkalender, in dem bereits Tage und Wochen zuvor jede Minute des Tages verplant ist? Darin müssen auch die freien Zeiten für die Ausritte rechtzeitig geplant werden. Gerade für den Wanderreiter ist es wichtig, zu wissen, ob er in den nächsten Tagen auf seinem langen Ritt mit Regen rechnen muß. Wie kann man jedoch feststellen, ob es morgen oder übermorgen regnen oder ob sich das Wetter halten wird?

Im Wüstenklima des »Wilden Westens« war Regen lebenswichtig. Daher achtete man besonders auf Zeichen, die den Regen ankündigten, und der Cowboy konnte ganz genau vorhersagen, ob es am nächsten Tag regnen würde oder nicht. So war zum Beispiel Regen vorhergesagt, wenn der Rauch des Lagerfeuers am Boden blieb. Genauso erkennt der erfahrene Wanderreiter eine herannahende Schlechtwetterperiode, wenn der Rauch aus den Schornsteinen der Häuser auf die Straße gedrückt wird. Ein weiteres Zeichen ist das Schwitzen des Betonbodens

---

Vorsicht beim Reiten in unbekanntem Gelände!

Reiten in unbekanntem Gelände ist im **Wald**, bei **Nebel** und in der **Nacht** be- sonders gefährlich, weil man sich hier besonders leicht verirren kann.

Cowboys und Indianer konnten das Wetter ziemlich genau vorhersagen.

in den Ställen. Für den Cowboy war dies das Kondenswasser in seinen Ledereimern. Ein eindeutiges Regenzeichen ist auch, wenn die Insekten tief fliegen. Da die Schwalben klassische Insektenjäger sind, fliegen auch sie tief über der Erde, bevor es regnet. Im allgemeinen kündigten dem Cowboy ein »dickes Fell« bei Haustieren und »schwere Maiskolben« schlechtes Wetter an. Beim Ruf des Gelbhalskuckucks und wenn Pferde am Abend spielten, rechneten die Cowboys ebenfalls mit Regen. Trockenheit dagegen stand bevor, wenn die Staubwirbel die Form eines Trichters annahmen und die Heuschrecken zirpten.

Gefährlicher Hagelschlag

Es passiert zwar relativ selten, daß Hagelkörner in europäischen Breitengraden die Größe einer Haselnuß übertreffen, aber hin und wieder kommt es vor, und es hat sogar den Anschein, als würden sich derartige Unwetter häufen.

Gerät man in einen solchen gefährlichen Hagelschauer, bei dem die Hagelkörner die Größe von Taubeneiern annehmen können, ist der Reiter gut beraten, als Kopfschutz den Sattel zu nehmen. Auf diese Art und Weise schützte sich auch der Cowboy vor starkem Hagelschlag, indem er sein Pferd absattelte und den Sattel über den Kopf hielt.

Quo vadis?

Längere Ausritte oder Wanderritte, die in unbekanntes Gelände führen, können in ungewollte Mammutritte ausarten, wenn der Reiter die Orientierung verliert und eine falsche Richtung einschlägt. Manchmal ist es auch sehr schwer, sich dann noch auf den Karten zurechtzufinden, und nach Einbruch der Dunkelheit ist das Kartenlesen kaum mehr möglich. Für den Reiter gibt es aber einige Tips, wie er sich dennoch sehr gut orientieren und wieder auf den richtigen Weg zurückfinden kann.

Mit dem Sonnenstand und einer Armbanduhr kann man sehr genau die Himmelsrichtungen bestimmen: Die Armbanduhr wird waagrecht gehalten. Man richtet den kleinen Zeiger auf die Sonne und halbiert den kleineren Winkel des Stundenzeigers zu der Zahl 12 auf dem Ziffernblatt. Diese gedachte Linie weist nach Süden.

Vorsicht, Sumpf! ⚠

Wie jeder Waldläufer und Cowboy grundsätzlich feuchte Stellen mied, die mit gelblichem Gras bewachsen sind, sollte dies auch jeder Wanderreiter tun. Dies sind nämlich deutliche Anzeichen für Sumpfgebiete, die Pferd und Reiter zum Verhängnis werden können! Sumpf entsteht bevorzugt in baumloser Gegend mit vielen Teichen, Seen oder Tümpeln.

In der Nacht ist es nicht immer so einfach, die Himmelsrichtung zu bestimmen. Man kann den Mond als Orientierung zu Hilfe nehmen, allerdings muß man dann schon über einige astronomische Kenntnisse verfügen, um zu jeder Nachtzeit die Himmelsrichtung nach dem Stand des Mondes bestimmen zu können. Am einfachsten ist es bei Vollmond, da er der (unsichtbaren) Sonne genau gegenübersteht. Das Verfahren mit der Uhr kann man darum genauso bei Vollmond anwenden wie tagsüber bei Sonnenschein: Stundenzeiger auf den Vollmond richten. Die Halbierungslinie zwischen dem Stundenzeiger und der Zahl 12 zeigt genau nach Süden.

Statt sich nun mit allen anderen Mondphasen zu befassen, ist es zweckmäßiger, sich am Polarstern zu orientieren. Die Indianer und Cowboys waren große Kenner des Sternenhimmels und konnten ohne große Mühe die Himmelsrichtung bestimmen. Mit Hilfe des Sternbilds »Großer Wagen« (auch »Großer Bär« genannt) läßt sich der Polarstern sehr leicht finden. Zieht man zwischen den beiden am tiefsten stehenden Sternen im Sternbild »Großer Bär« eine Linie und verlängert man diese fünffach nach oben,

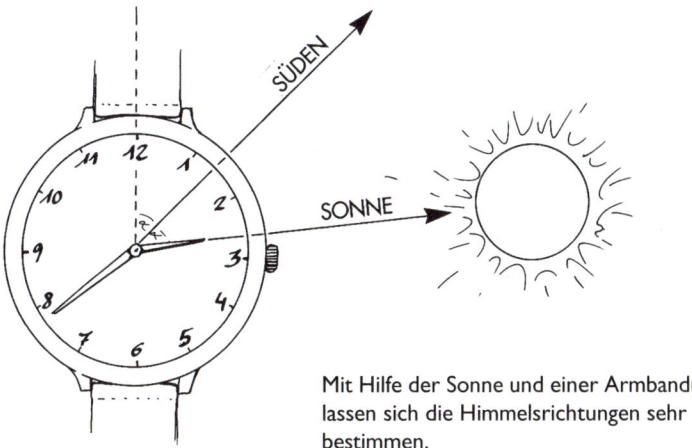

Mit Hilfe der Sonne und einer Armbanduhr lassen sich die Himmelsrichtungen sehr leicht bestimmen.

Sternstunden

Nachtreiter *Andy L. Bassett* sagte 1869:
»Das ist eine ganz einfache Sache mit den Sternen. Die Sterne Alpha und Beta des Großen Bären sind wie feststehende Uhrzeiger in diesem Sternbild. Man braucht bei Beginn der Wache nur *die Stellung dieser Uhrzeiger zu beachten. Haben sie sich um ein Drittel um den Nordstern herumbewegt, ist die Nacht und die Wache zu Ende.«*
(Aus: H. J. Stammel, »Der Cowboy – Legende und Wirklichkeit von A–Z«, 1972.)

stößt man auf den Polarstern, der als Fixstern genau im Norden steht. Vor allem die Nachtreiter, die die schlafende oder ruhende Rinderherde während der Nacht langsam umkreisten, waren im amerikanischen Westen ausgezeichnete Kenner des Sternenhimmels. Sie konnten am Stand des »Großen Bären« sogar die Zeit auf die Minute exakt bestimmen, denn sie wußten, daß sich das Sternbild innerhalb von 24 Stunden genau einmal um den Nordstern dreht. Die Mexikaner nannten das Sternbild des »Großen Bären« übrigens auch »Yaqui-Uhr«.

Andere Möglichkeiten, die Himmelsrichtung zu bestimmen, wird man in erster Linie bei bewölktem Himmel anwenden. So kann zum Beispiel vor allem der Wind Aufschluß über die Himmelsrichtung geben. Zu gewissen Zeiten des Jahres bläst der Wind für gewöhnlich in eine bestimmte Richtung. Diese Richtung sollte der Reiter kennen, denn so kann er nach Anzeichen in der Natur suchen, die

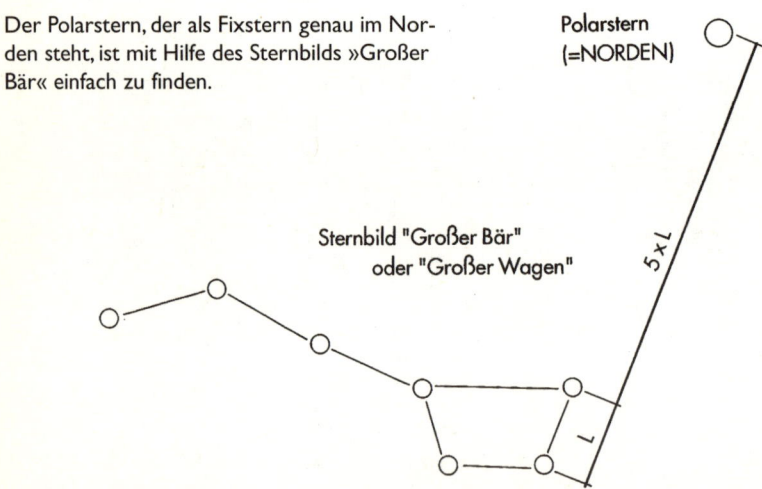

Der Polarstern, der als Fixstern genau im Norden steht, ist mit Hilfe des Sternbilds »Großer Bär« einfach zu finden.

Polarstern (=NORDEN)

Sternbild "Großer Bär" oder "Großer Wagen"

5 × l

l

ihm die Richtung anzeigen, in die der Wind normalerweise bläst. Auch bei Windstille kann der Reiter dann die Himmelsrichtung bestimmen. Die Baumwipfel zeigen im allgemeinen in die Richtung, in die der Wind bläst. Auch sind auf der windabgewandten Seite eines Baumstammes die Äste zahlreicher, und die Rinde ist auf der windzugewandten Seite dichter mit Moos bewachsen. Baumringe zeigen im allgemeinen nach Süden hin eine größere Ausdehnung. Abgestorbene Äste und abgebrochene Bäume fallen in der Regel in Richtung zur windabgewandten Seite. Die Form von Schneewehen oder Sanddünen können die Windrichtung ebenfalls anzeigen.

Kompaß selbstgemacht

Sicherlich ist die Bestimmung der Himmelsrichtungen mit einem Kompaß sehr viel leichter, doch kaum ein Cowboy hatte einen Kompaß zur Verfügung. Der moderne Wanderreiter hat ihn in seinem Gepäck normalerweise immer dabei, trotzdem kann man ihn auch einmal verlieren oder vergessen. Die Erfahrung zeigt, daß das immer dann passiert, wenn man ihn am dringendsten benötigt.

In einem solchen Fall kann man sich einen Kompaß selber basteln, um die Himmelsrichtung herauszufinden. Dazu braucht man ein Gefäß mit Wasser, eine Nähnadel, etwas Öl und Wolle oder Seide. Durch festes Reiben an der Wolle oder Seide wird die Nähnadel an der Spitze magnetisiert. Sie wird dann mit etwas Öl bestrichen. Ersatzweise kann man dafür auch den Finger über die Stirn ziehen und anschließend über die Nadel streifen. Nun läßt man die Nadel an zwei dünnen Fäden oder Grashalmen, waagrecht aufgehängt, langsam in das zuvor bereitgestellte Schälchen mit Wasser gleiten. Die Nadel wird so nicht untergehen und sich bald in Richtung Norden ausrichten.

Maßnahmen gegen Ausreißer

Anbindemöglichkeiten schaffen

Sicheres Anbinden ist im Umgang mit Pferden von größter Wichtigkeit. Wenn sich ein Pferd einmal losreißen konnte, wird es das immer wieder versuchen. Darum muß zum einen der Pfosten, Balken oder Anbindering stets bombenfest verankert sein, zum anderen muß die Anbindeart sicher sein.

In manchen Situationen ist eine solide Ground Tying-Ausbildung hilfreich.

Zu Hause betoniert man den Anbindepfosten am besten ausreichend tief in den Boden ein. Der Anbindering an einer Mauer wird ebenfalls einzementiert. Ebenso müssen die Pfosten für einen Anbindebalken fest im Erdreich verankert sein.

Wie angewurzelt

Viele Westernreiter bilden ihre Pferde im Ground Tying aus. Dabei bleibt das Pferd »wie angewurzelt« stehen, sobald der Reiter abgestiegen ist und die Zügel auf den Boden fallen gelassen hat. Die hän-

genden Zügel sind für das Pferd das Zeichen, stehenzubleiben. Abgeleitet ist diese Ausbildungsmethode von den Cowboys, die sehr oft vom Pferd absteigen mußten, um irgendwelche Arbeiten zu verrichten. Dabei fanden sich in der Eile meist keine geeigneten Anbindemöglichkeiten, und auch das Hobbeln (siehe dazu das Kapitel: Ohne Anbinden und Einzäunen gut gehütet) wäre zu aufwendig gewesen, wenn der Reiter nur mal absteigen wollte, um ein Gatter zu öffnen, oder um das mit dem Lariat eingefangene Rind zu fesseln. Die Ausbildung beruht dabei auf absolutem Gehorsam und Vertrauen. Ein Ground Tying zu erzwingen ist nicht möglich.

Grundlage für das Erlernen des Ground Tying ist das Stimmkommando, das man immer anwendet, wenn das Pferd stehenbleiben soll – ob vom Sattel oder vom Boden aus. Viel Geduld und ein für das Training sicher eingezäunter Platz sind notwendig. In Notfällen kann das Ground Tying auch im Gelände und nicht nur auf dem Reitplatz, wenn man sich Hindernisse zurechtlegen will, sehr nützlich sein. Zudem kann das Groundtying-Training dabei helfen, das Aufsteigen sowie alle anderen Arbeiten am Pferd zu erleichtern, wenn das Pferd gelernt hat, ruhig stehenzubleiben.

Zäune »on tour«

Wenn man auf längeren Ritten unterwegs ist, ist es vorteilhaft, bei Pausen das Pferd in einem umzäunten Bereich grasen zu lassen. Oft führen darum Wanderreiter einen transportablen Elektrozaun mit sich, der jedoch relativ viel Platz wegnimmt. Er gilt als sehr sicher und ist darum eine gute Einrichtung. Bei unkomplizierten Pferden kann man provisorisch mit Seilen einen kleinen Paddock aufbauen und darin die Pferde hüten.

So sicherte auch der Cowboy die Pferdeherde vor dem Weglaufen während der Nacht. Die Leinen wurden in Brusthöhe der Pferde um Bäume geschlungen und daran befestigt. Wenn keine Bäume zur Verfügung standen, wurden stabile Äste in die Erde gerammt oder der Seilcorral um Felsen gelegt. In der Regel akzeptieren unkomplizierte Pferde eine Abgrenzung mit einem Seil. Man sollte die Tiere dabei aber nie ohne Aufsicht lassen.

Ohne Anbinden und Einzäunen gut gehütet

Auch wenn ein Pferd das Ground tying gut beherrscht, kann man es nicht wie ein

---

Nur ohne List und Tücke

Einige Reiter versuchen das Pferd zu überlisten, indem sie das Zügelende auf dem Boden befestigen. Somit glaubt das Pferd – sobald der Zügel herabhängt –, daß es angebunden ist. Das mag sicherlich für einige Male auch funktionieren. Es ist allerdings nicht ungefährlich, und die meisten Pferde sind keineswegs so dumm, daß sie es über kurz oder lang nicht merken, wenn sie nicht angebunden sind. Da darf man sich dann nicht wundern, wenn sich das Pferd plötzlich unverhofft »verabschiedet«.

Auto parken und irgendwo beliebig abstellen. Auf keinen Fall kann man sich im freien Gelände darauf verlassen, daß das Tier brav auf der Stelle stehenbleibt. Aber nicht überall gibt es geeignete Anbindemöglichkeiten. Und wenn, dann ist es kaum möglich, das angebundene Pferd während einer Pause auch fressen zu lassen. Hier kann das »Hobbeln« gute Dienste leisten. Es werden dabei dem Pferd die Vorderbeine gefesselt, so daß es zwar kleine Schritte machen, aber keine weiten Strecken zurücklegen kann. Bei manchen Westernreitern gehört das Hobbeln zum Ausbildungsprogramm, obwohl es in seiner ursprünglichen Form kaum wirklich praktiziert wird.

Die Cowboys und Indianer hobbelten ihre Pferde, weil es sich in dem weitläufigen Gelände nahezu anbot. Da das Ausreitgelände in unseren Breitengraden nicht so umfangreich und meist auf wenige Wege beschränkt ist, kann der gehobbelte Vierbeiner recht schnell auf die Straße geraten oder sich am nächsten Weizenfeld gütlich tun. Der heutige Western- und Wanderreiter greift darum lieber auf moderne Technik zurück und stellt bei Pausen unterwegs einen Elektrozaun mit Batteriebetrieb auf, um seinem Pferd das Fressen zu ermöglichen, ohne es dabei am Führzügel halten zu müssen.

Das Hobbeln kann aber auch unter Umständen in anderer Beziehung wertvolle Dienste leisten. Ein gehobbeltes Pferd ist in seiner Bewegungsfreiheit eingeschränkt. Bei einem Tierarztbesuch beispielsweise kann es auf diese Weise ruhiggestellt werden. Allerdings muß das Hobbeln sorgfältig geübt werden, damit das Pferd dabei nicht in Panik gerät und sich möglicherweise verletzt.

Eine abgewandelte Form der normalen Vorderbeinhobble ist die Dreibeinhobble. Dabei werden die Vorderbeine gefesselt und zusätzlich noch ein Hinterbein mit einem längeren Strick an die Vorderbeine gebunden. Man kann damit verhindern, daß das Pferd steigt, und diese Methode hilft auch bei Pferden, die trotz gehobbelter Vorderbeine zu weit weglaufen können. Allerdings ist diese Methode für das Pferd nicht ungefährlich und sollte nur Profis vorbehalten bleiben.

Der Cowboy kannte auch die sogenannte Cross Hobble. Hier wurde mit einem längeren Strick ein Vorderbein mit dem gegenüberliegenden Hinterbein verbunden.

Wenn das Pferd trotz Hobbles flüchtet

Manche Pferde sind so geschickt, daß sie trotz der gehobbelten Vorderbeine imstande sind, das Weite zu suchen. Sie ha-

Vorsicht, Verletzungsgefahr!

Hobbles müssen immer gut gepolstert sein, damit sich das Pferd nicht verletzen kann. Also niemals das »blanke« Seil um die Fesseln wickeln! Als Polsterung verwendet man am besten dicke Watte. Auch schon gepolsterte Hobbles aus dem Fachgeschäft gegebenenfalls mit Watte nachpolstern!

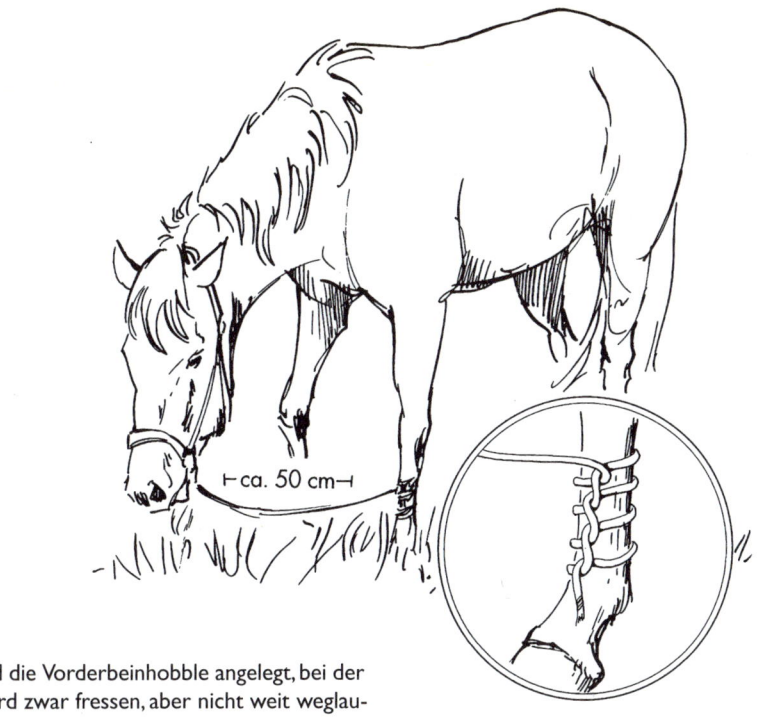

So wird die Vorderbeinhobble angelegt, bei der das Pferd zwar fressen, aber nicht weit weglaufen kann.

├ca. 50 cm┤

ben gelernt, zu laufen, ohne die Beine weit auseinanderzuspreizen. Bei diesen Pferden kann – neben der Dreibein-hobble – auch eine andere Hobble-Art helfen. Dabei wird ein Seil mit mehreren halben Schlägen um die Röhre geschwungen und mit dem Halfter verbunden. Die Verbindung zum Halfter darf allerdings nur ungefähr 50 Zentimeter betragen, so daß das Pferd den Kopf nicht ganz hochheben, dafür aber ohne Behinderung grasen kann.

Mit all diesen Methoden sollte man äußerst vorsichtig umgehen, denn bei unsachgemäßer oder unachtsamer Anwendung kann sich das Pferd böse verletzen!

Die Leitstute und ihre Herde

Um entflohene Pferde einzufangen oder eine kleine Herde zu hüten, kann man sich die Natur zum Vorbild nehmen: Ein Pferd in einer Herde wird immer der Leitstute folgen. Wenn man also ein ausgerissenes Pferd suchen und wieder einfangen muß, nimmt man am besten dieses Leittier mit. Ebenso kann man eine kleine Herde ohne Zaun hüten, indem man lediglich das Leittier anbindet, der Rest der Herde kann frei laufen. Der Cowboy schnallte während der Nachtruhe einer alten, zuverlässigen Stute eine Messingglocke um

Auf drei Beinen stehen lernen

Auch das Hochbinden eines Beines bewirkt, daß sich das Pferd nur noch bedingt vorwärtsbewegen kann. Eine gute Idee ist es in diesem Zusammenhang, einem Pferd ein Vorderbein hochzubinden, damit es lernt, auf drei Beinen zu stehen. Das ist sehr wichtig beim Auskratzen oder Beschlagen der Hufe, denn für den Aufhalter ist es sehr unangenehm, wenn das Pferd sein Gewicht auf das aufgehobene Bein verlagert. Wenn man dem Pferd nun das Bein hochbindet, kann es den Huf nicht mehr belasten, sonst würde es umfallen. Läßt man das Pferd so einige Minuten stehen, lernt es sehr schnell, daß es sich nicht auf das hochgenommene Bein legen darf.

Man kann sowohl eines der Vorderbeine als auch eines der Hinterbeine hochbinden. Wichtig ist in jedem Fall, daß das Bein fachmännisch hochgebunden wird, da es sonst zu schweren Verletzungen kommen kann. Bei ungestümen Pferden kann es dabei schon passieren, daß sie anfangs öfters mit dem Boden Bekanntschaft machen. Das Pferd bei dieser Prozedur also auf einen Betonboden zu stellen wäre unverantwortlich.

Es empfiehlt sich grundsätzlich, diese Methode nur anzuwenden, wenn man bereits eine große Erfahrung mit Pferden hat.

In den meisten Fällen reicht es, den aufgehobenen Pferdehuf etwas abzusenken, sobald man merkt, daß das Pferd den Huf belasten will. Das Pferd erkennt dabei sofort, daß es sich auf das hochgenommene Bein nicht stützen kann und verlagert das Gewicht auf die anderen drei Standbeine.

den Hals und verzichtete darauf, die Herde einzuzäunen. Am nächsten Morgen brauchten die Reiter nur dem Gebimmel der Glocke zu folgen: Dort, wo die Leitstute hingewandert war, fand sich auch der Rest der Herde wieder.

Und noch ein alter Cowboytrick

Nicht zu empfehlen ist diese alte Cowboymethode: Ein Strick wird um den Hals des Pferdes gebunden und sein Ende an der Schweifrübe so festgeknotet, daß das Pferd den Kopf nur noch zu einer Seite neigen kann. In dieser Stellung kann das Pferd unmöglich davonlaufen, es kann sich nur noch im Kreis bewegen.

Manche Westerntrainer wenden diese Methode in nicht ganz so extremer Form an, um Pferde zu gymnastizieren. Ein derartiges »Ausbinden« sollte man dem Pferd aber über längere Zeit ersparen, am besten ist es, auf solche Zwangsmaßnahmen ganz zu verzichten.

Zäune

Holzzäune gelten neben den modernen Elektrozäunen immer noch als die sicherste Umzäunung. In manchen Gegenden des amerikanischen Westens gab es jedoch kein Holz. Die Siedler in der Prärie

Lieber tot als weg

Wenn ein Pferd dem Cowboy weglief, versuchte er als letztes Mittel, um es aufzuhalten, das Pferd zu »creasen« (zu deutsch: kneifen). Der Cowboy schoß dem Pferd in einen bestimmten Teil des Obernackens. Der Schock durch den Aufprall der Kugel dicht an der Wirbelsäule bewirkte eine kurzweilige Betäubung des Pferdes.

Früher wandte man diese schwierige wie auch äußerst grausame Methode an, um Mustangs einzufangen. Meist aber hatte der Versuch, ein Pferd zu creasen, den sofortigen Tod des Tieres zur Folge.

Letztendlich war in einem solchen Fall dem Cowboy wohl sein Sattel wertvoller als sein Pferd: Mit dem Entschluß, den Versuch zu wagen, das Pferd zu creasen, setzte der Cowboy für sein Sattelzeug, mit dem sich sein Reittier ansonsten davongemacht hätte, bewußt das Leben seines Pferdes aufs Spiel.

verwendeten darum Osage-Orangenbüsche, die pro Jahr 70 Zentimeter wuchsen. Sie waren hervorragend geeignet als Zaunmaterial und boten zudem guten Schutz gegen Stürme.

Im Südwesten der USA baute man Adobe-Mauern. Adobe ist eine Art Tonerde, die, mit Wasser, Stroh und Sand vermischt, bei warmem Wetter innerhalb kürzester Zeit hart wie Ziegel wird. Die so errichteten Mauern waren die besten Einzäunungen.

Leider sind Mauern jeglicher Art nach den gültigen Bauordnungen bei uns in der Regel als Pferdeeinzäunungen nicht erlaubt.

Wildpferdefang

Beim Fang von Wildpferden errichteten die Pferdefänger einen Corral aus Staketenzaun, den sie sorgfältig mit Grünzeug tarnten. Wildpferde hielten sich von Draht fern: So benutzten die Mustangjäger den Draht – mit bunten Lumpen behängt – als »Trichter«, der die Pferde zum Tor des Corrals leitete.

Füttern und Tränken

Welches Gras?

Mageres Gras, durchsetzt mit vielen Kräutern, ist für Pferde das beste Grünfutter. Es ist viel besser verdaulich und bekömmlicher als fettes Gras, das zwar lieber gefressen wird, da es besonders saftig ist, aber in ungünstigen Fällen auch Koliken auslösen kann. Vor allem dann, wenn dem Grasbestand viel Klee untergemischt ist. Klee verursacht Blähungen und führt mitunter zu schweren Koliken, die sogar tödlich enden können.

In den offenen Weideregionen des amerikanischen Westens gab es zahlreiche Grasarten. Meistens waren sie unter dem Sammelbegriff »Bunch Gras« eingeordnet, wozu auch das Mesquita-Gras und das besonders nahrhafte Grama-Gras gehörte. Es gab zwar in den Prärien genügend Grünfutter (außer in Wüstenregionen), aber nie zu fettes Gras, so daß die Pferde prächtig gediehen.

Giftpflanzen gegen Wurmbefall

In der Regel sollen Pferde viermal jährlich mit immer wechselnden Präparaten entwurmt werden. Derartige Wurmmittel standen dem Cowboy im »Wilden We-sten« freilich nicht zur Verfügung. Vor allem Spul-, Palisaden- und Schraubenwürmer machten den Pferden zu schaffen. Geringe Mengen giftiger Pflanzen, die die Pferde anscheinend instinktiv aufnahmen, sorgten dafür, daß sich der Wurmbefall in Grenzen hielt. Natürlich sollte man dem Pferd nun keinesfalls, anstatt der handelsüblichen, korrekt dosierten Wurmkuren, Giftpflanzen füttern!

Verweigern von Wasser muß nicht sein

Viele Wanderreiter plagen sich mit dem Problem herum, daß ihre Pferde anderenorts kein Wasser trinken wollen. Manchmal liegt es am ungewohnten Eimer, mit dem man sein Pferd tränken will – zu Hause bekommt es sein Wasser immer aus dem gleichen Behälter. Aus diesem Grund sollten Pferdebesitzer, die öfter auf Wanderritte gehen, hin und wieder den Tränkeimer wechseln oder einen faltbaren Ledereimer mitführen, den das Pferd gewohnt ist. So machte es seinerzeit auch der Cowboy.

Der Eimer ist aber in vielen Fällen gar nicht der Grund, warum die Pferde trotz großen Durstes das angebotene Wasser verweigern. Wasser ist nämlich nicht

Wasser als Zauberelixier?

Wenn Pferdehaare einige Tage im Wasser liegen, verwandeln sie sich in Würmer – das glaubte jedenfalls so mancher Cowboy.

Dies ist natürlich ein Ammenmärchen, aber trotzdem sollte den Pferden sauberes Trinkwasser selbstverständlich immer zur Verfügung stehen.

Das Trinkwasser des Pferdes sollte stets sauber sein.

gleich Wasser. Es unterscheidet sich im Nitrat- oder Kalkgehalt. Es schmeckt dann anders als gewohnt. Und da das Pferd ein Gewohnheitstier ist, will es von »fremdem« Wasser nicht trinken.

Gerade wenn das Wasser zu hart ist, kann es auch zu gesundheitlichen Problemen kommen, beispielsweise zu Darmverstimmungen aller Art. Weicher wird das Wasser, wenn man es längere Zeit an der Luft stehenläßt. Auch das Abkochen hilft bei stark verkalktem Wasser. Eine weitere Möglichkeit ist es, durch die Zu-gabe von Essig, das Wasser weicher zu machen. Zwei bis drei Eßlöffel auf einen Eimer Wasser sind dabei ausreichend.

Durst ohne Wasser stillen

Eine gemahlene, geröstete, gewürzte und gesüßte Maissorte, die die Cowboys »Panola« (aus dem mexikanischen »pinole«) nannten, half gegen Durstgefühl. Der Cowboy aß diesen Mais in Wüstenregionen, und auch sein Pferd ließ sich

Vorsicht in der Nähe von Wasser!

In Wassernähe ist es sehr gefährlich, dem Pferd einen Futtersack umzuhängen. Das Pferd könnte sich mit dem Futtersack nach vorne beugen, um zu trinken. Dabei kann es unter Umstän-den passieren, daß der Futtersack voll Wasser läuft, und das Pferd gerät in Gefahr zu ertrinken, weil das Wasser nicht abläuft und das Tier den Futtersack nicht abschütteln kann.

die Frucht schmecken. Ob der Mais tatsächlich den Durst stillte oder ob es nur Einbildung ist – probieren Sie es aus...

Der Cowboyhut dient auch als Futtertrog.

Der bewährte Futtersack

Es hat sich bewährt, bei längeren Ritten einen Futtersack aus Leinen oder weichem Leder mitzuführen. Damit kann jedem Reittier unterwegs seine genau dosierte Körnerfutterration verabreicht werden, ohne daß es zwischen den Pferden zu Futterneid und Streitigkeiten kommt. Der Futtersack wird dem Pferd dabei um den Kopf gehängt.

Pfiffiger Futtertrog für unterwegs

Dem Cowboy diente sein Hut nicht nur als Kopfschutz gegen Sonneneinstrahlung, Regen, Sträucher und Äste, sondern er benutzte ihn auch als Futtertrog für seine Pferde. Auch zum Tränken eignet sich der Westernhut hervorragend, wenn das Flußufer vom Pferd nicht gefahrlos betretbar ist. In den Zeiten des »Wilden Westens« war diese Umfunktionierung des Cowboyhutes durchaus üblich.

Rechts oben: Reiter und Pferd in der Arbeitsausrüstung
Unten: Zum Einfangen der Kälber ist das Lasso ein unentbehrliches Hilfsmittel des Cowboys.

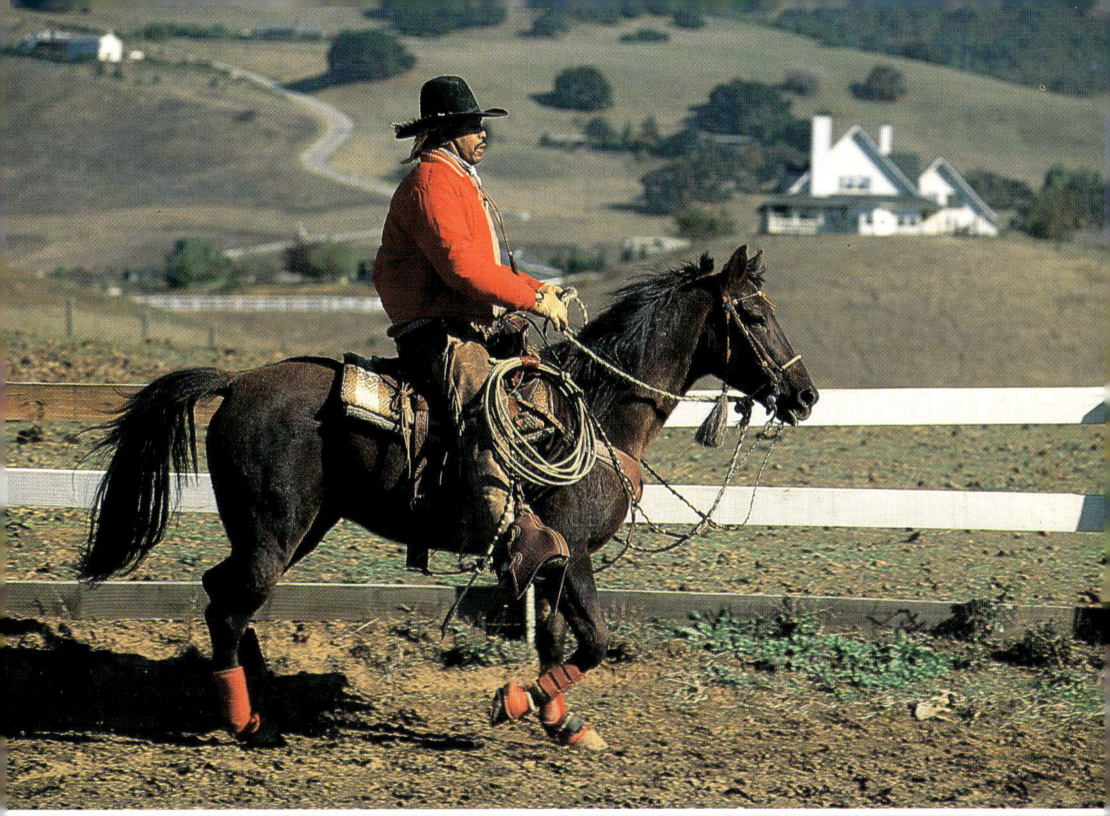

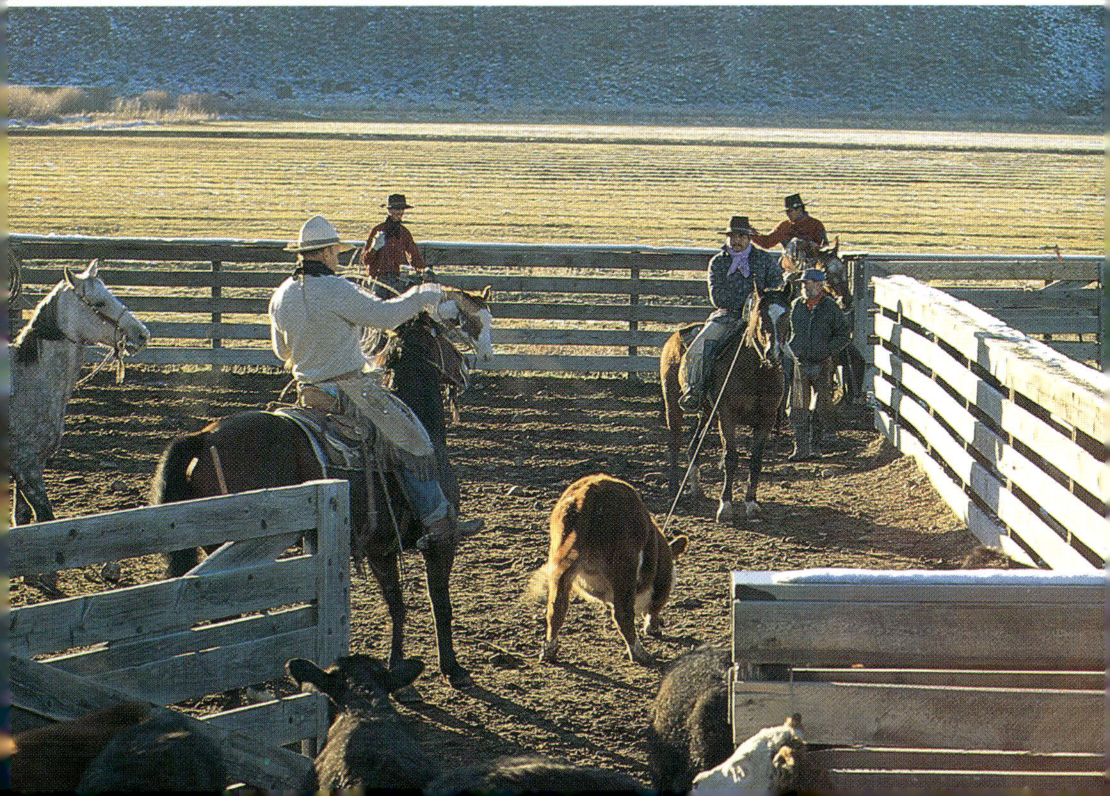

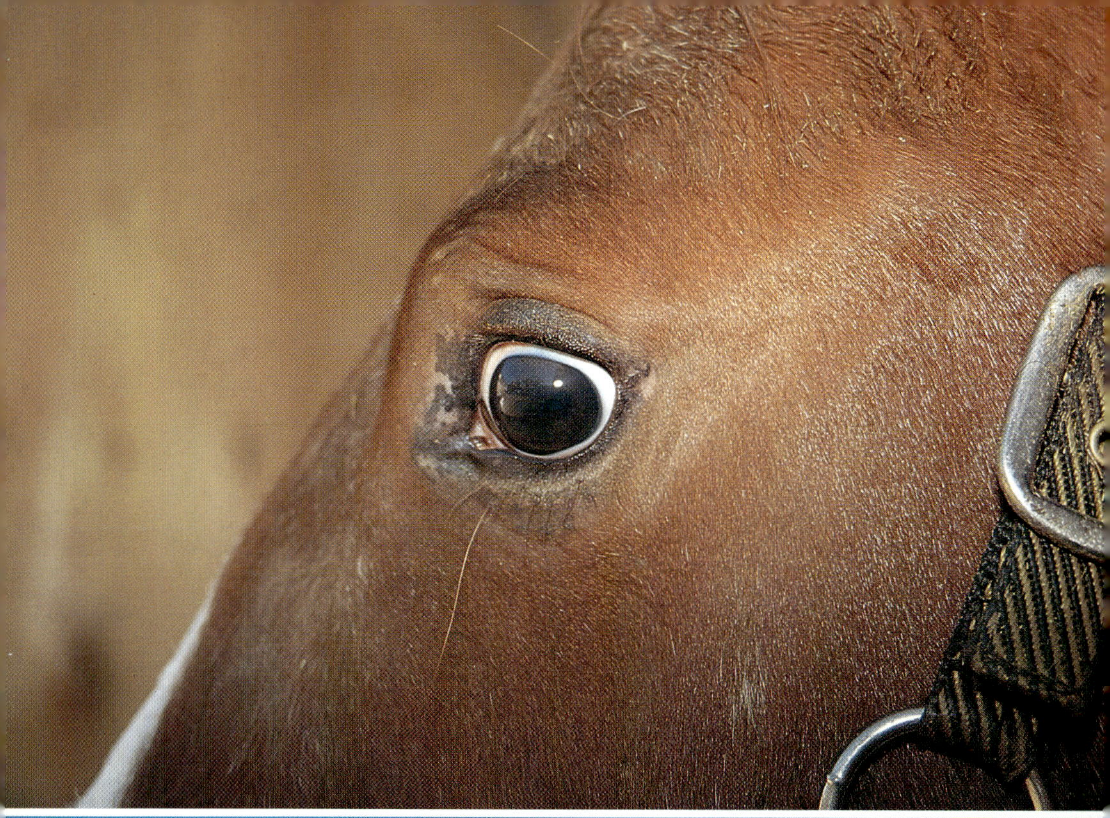
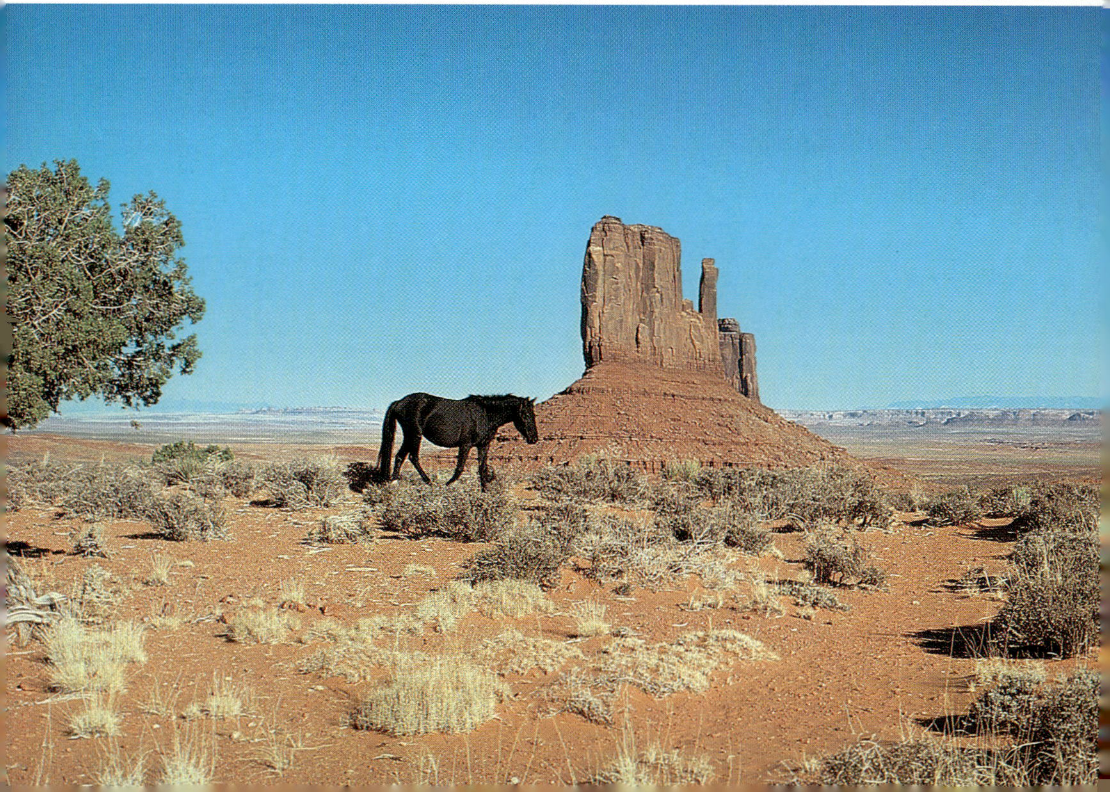

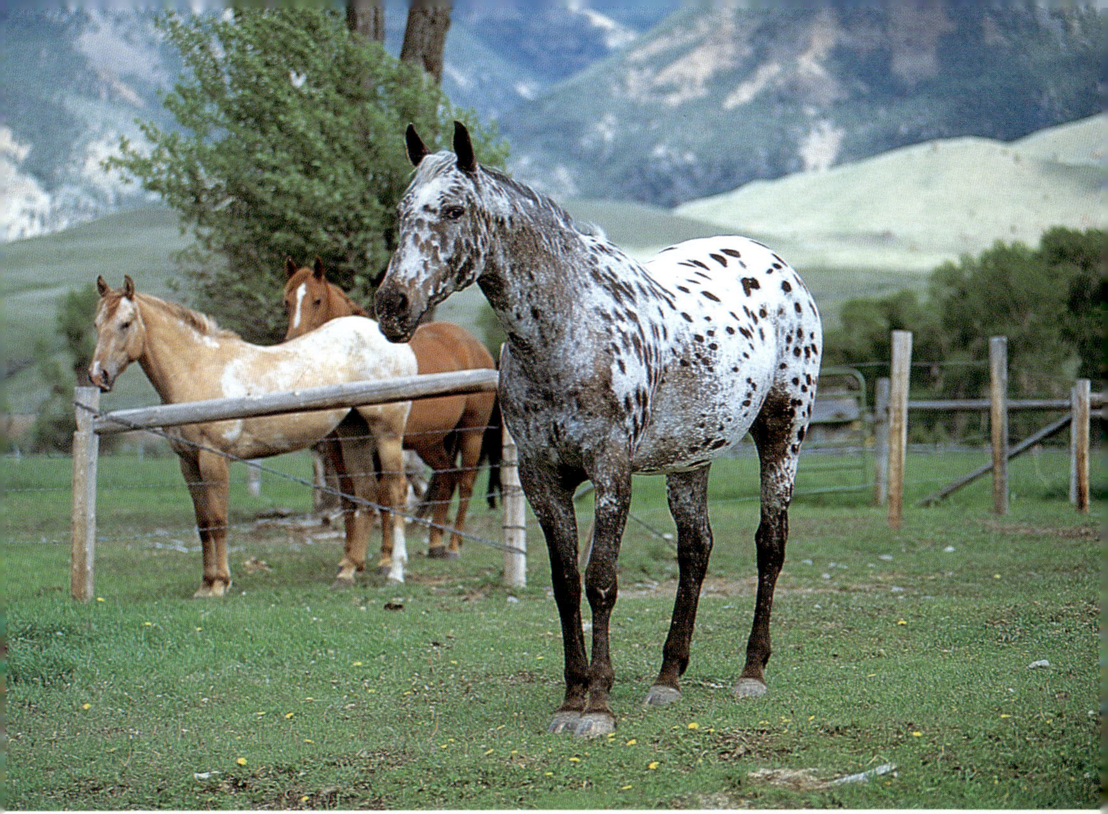

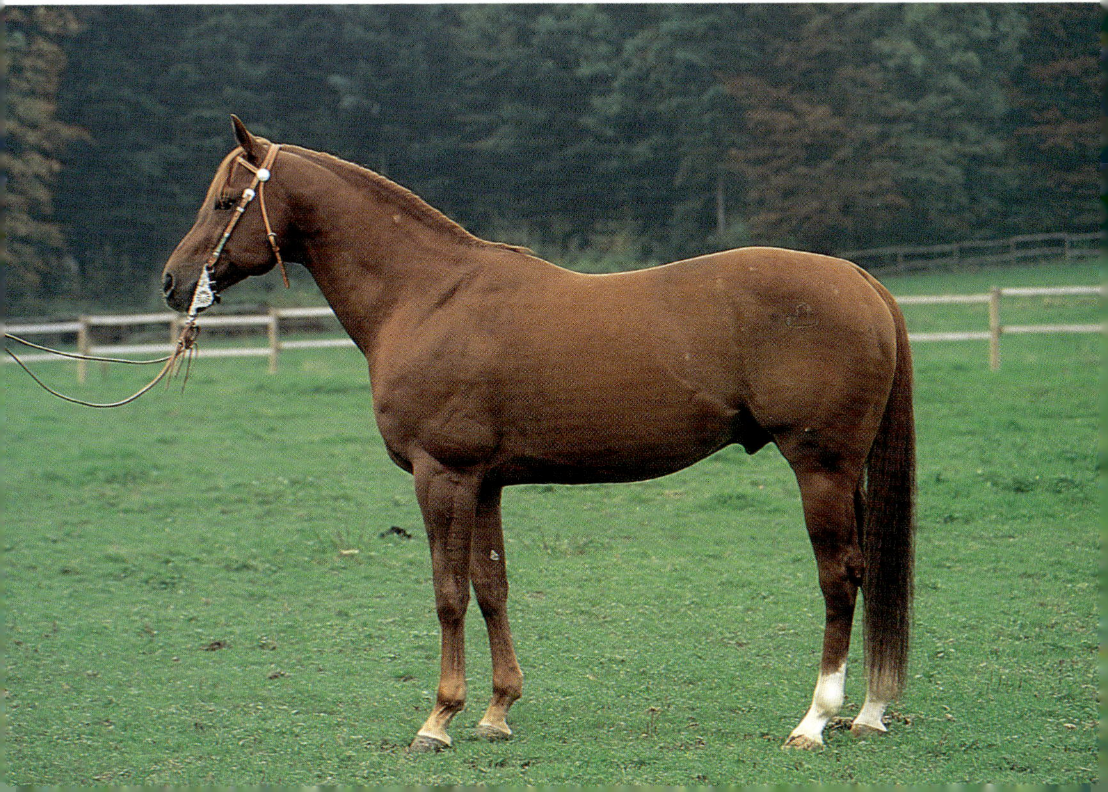

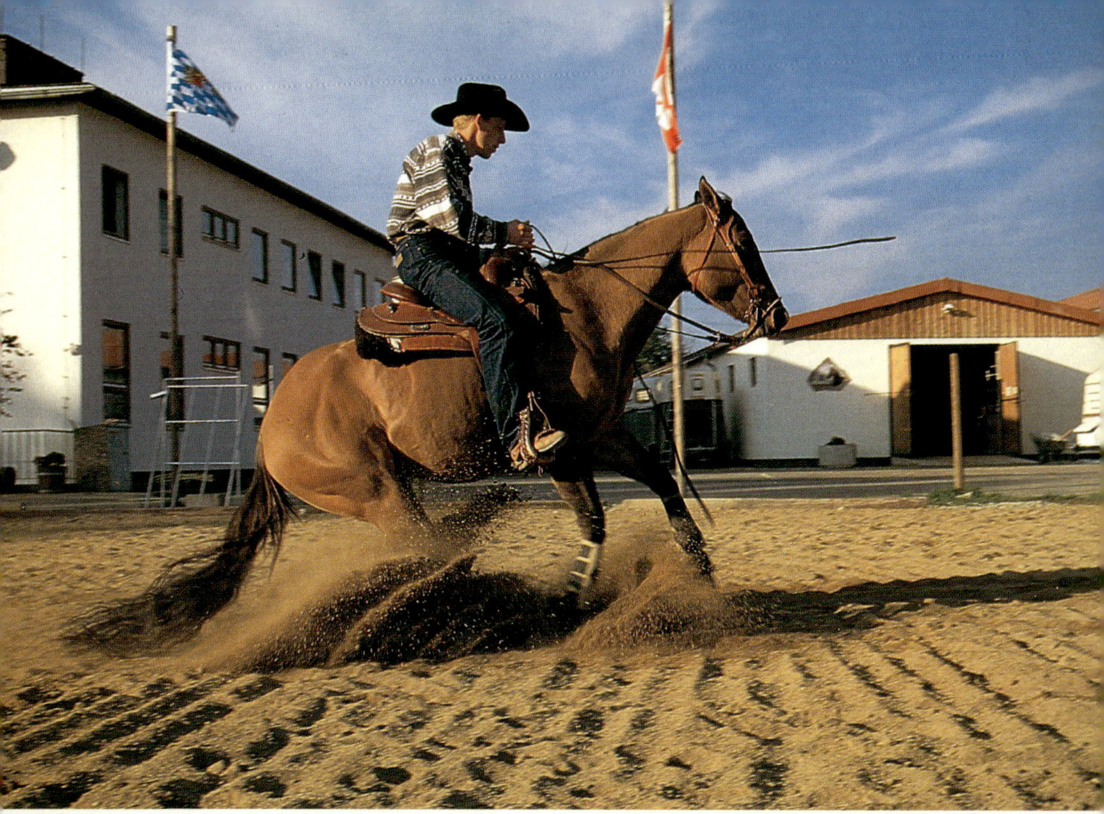

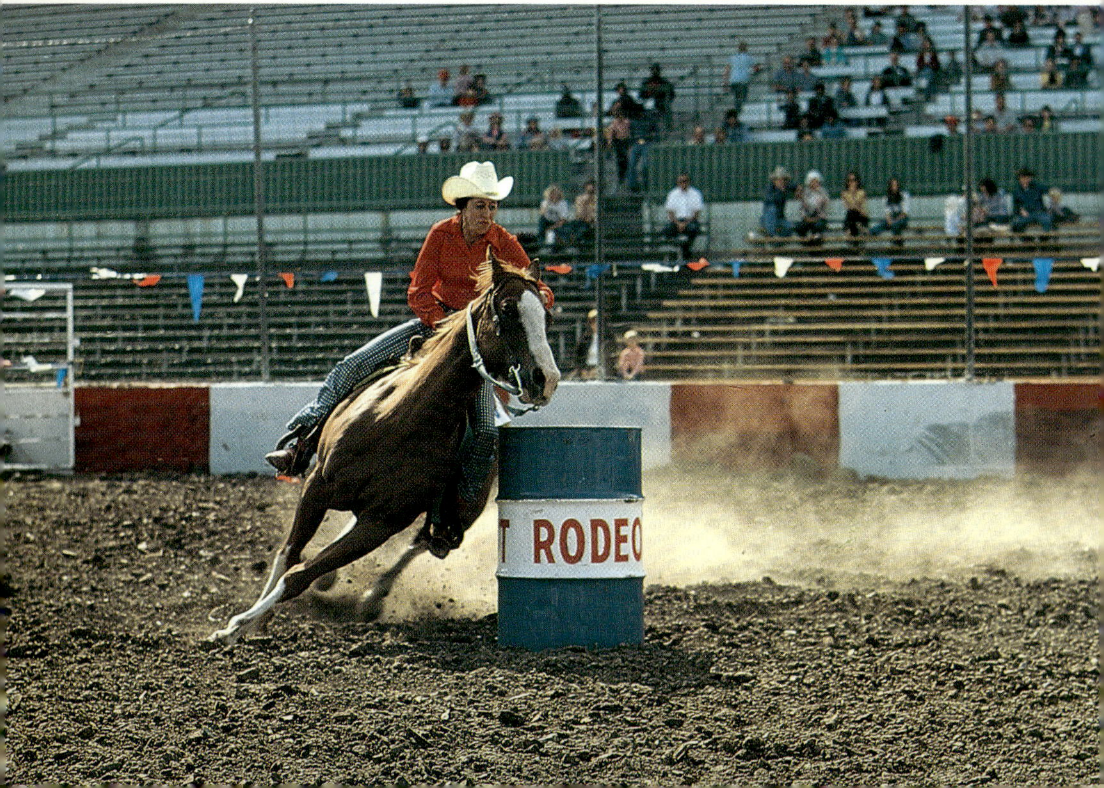
RODEO

Heilkunde

Aus der indianischen Heilkräuterkiste

Es gab kaum eine Pflanze, die von den Indianern nicht als Heilpflanze oder anderweitig verwendet wurde. Manche Kräuter mögen in der Heilkunde durchaus eine entsprechende Wirkung erzielt haben und in der Anwendung darum sinnvoll gewesen sein; zum großen Teil ist ein möglicher Erfolg in der Anwendung der verschiedenen Kräuter aber wohl nur der Vorstellungskraft der Indianer zuzuschreiben. Da viele Pflanzen, die verwendet wurden, etliche Gifte enthalten, sind sie kaum mehr gebräuchlich,

Seite 52:
Oben: Das weißumrandete Auge des Appaloosas. Es macht auf den Betrachter einen besonders wilden Eindruck.
Unten: Ein Indianerpony in der Weite Utahs

Seite 53:
Oben: Klassische Westernpferde: Appaloosa...
Unten: ...und Quarter Horse

Links oben: Der Sliding Stop ist ein Manöver aus der Westerndressur.
Links unten: Barrel Race: Eine beliebte Renndisziplin um drei Tonnen

und es ist keinesfalls ratsam, damit zu experimentieren!

Für ihre intensiv betriebene Pferdemedizin waren besonders die Oglala Dakotas und die Schwarzfuß-Indianer berühmt. Leider ist heute darüber nur noch sehr wenig bekannt, da diese Rituale sehr heilig waren und nur vom Medizinmann und seinen Frauen durchgeführt werden durften.

Bekannt ist, daß Pferdebildnisse aus Holz und Leder mit allerlei Kräutern in Medizinbeutel gesteckt wurden, die dann »Kriegszäume« genannt wurden. Das Kräutergemisch wurde verwendet, damit die Pferde schneller wurden, um sie zu heilen, um sie zu beruhigen, wenn sie scheuten, oder um sie zu erfrischen, wenn sie erschöpft waren.

Die Schwarzfuß-Indianer bereiteten aus den Samen der sogenannten Zuckerkiefer (Sweet Pine) einen Brei, den sie für Umschläge verwendeten. Er sollte das Fieber bei Pferden senken und Erkältungen bekämpfen. Die Indianer selbst aßen die langen, süßen Samen und das ebenfalls süßliche Harz der Pflanze.

Aus den Wurzeln des Christophskrauts (Baneberry) wurde eine Art Elixier gebraut, nach dessen Genuß die Pferde angeblich nicht müde wurden. Zudem sorgte es dafür, daß die Pferde schneller laufen konnten, und schließlich sprach man dem Gebräu eine abhärtende Wir-

Es gab fast keine Pflanze, die der Indianer nicht für Heilzwecke sammelte.

kung zu. Wie alle seine Verwandten enthält das Christophskraut übrigens das sehr giftige Anemonol, das nässende Hautausschläge verursachen kann.

Um ein ermüdetes Pferd zu erfrischen, rieben die Araphaos die Wurzel eines Pfingstrosengewächses an der Nase des Pferdes. Die Nez Percé dagegen steckten die zerkaute Wurzel in das Maul des erschöpften Tieres und hielten es so lange zu, bis das Tier die Wurzel geschluckt hatte. Beim Menschen verwendete man die Blütenblätter des Pfingstrosengewächses auch gegen Gicht.

Der Ampfer und eine Sauerklee-Art, die »Yellow Wood Sorrel«, waren bei den Pawnees beliebte Pflanzen, die sie ihren Pferden fütterten. Die Pawnees zerstampften die Knollen dieser Kräuter und gaben sie ihren Ponys zu fressen, um deren Geschwindigkeit zu erhöhen.

Heute verwendet man die Kräuter höchstens aufgrund ihrer leicht abführenden Wirkung. Der Sauerklee ist sogar leicht giftig, kann aber in kleinen Mengen Salaten zugesetzt werden, um einen säuerlichen Geschmack zu erzielen.

Die Cheyenne verwendeten Pflanzen, die »Everlasting« oder »Ladies' Tobacco« genannt wurden. Die getrockneten und pulverisierten Pflanzen rieben die Cheyenne auf der Unterseite des Pferdehufs und bliesen den Staub zwischen die Pferdeohren, um die Pferde gangsicherer, ausdauernder und langatmiger zu machen.

Sowohl die Nez Percé als auch die Teton Dakotas führten in ihren Medizinbeuteln eine Pflanze mit, die bekannt ist unter dem botanischen Namen »Clematis Douglassi«. Sie wollten damit Pferde wiederbeleben, die in der Schlacht zusammengebrochen waren. Die Nez Percé hielten eine zerstoßene Wurzel unter die Pferdenüstern, genauso wie man es bei einem ohnmächtigen Menschen macht.

Die Teton Dakotas trockneten die Wurzeln, zerstießen sie zu einem feinen Mehl und gaben sie den Pferden direkt in die Nüstern. Von dieser Pflanze glaubten die Indianer, daß sie einen sofortigen stimulierenden Effekt habe.

Schließlich gebrauchten die Gros Ventres, ein Indianerstamm, der in Mittel-Montana lebte, das Moschuskraut »Hollow Root«, das nur ihnen allein bekannt war. Es soll angeblich die Knochen der Pferde gestärkt und nach einem anstrengenden Ritt erfrischend gewirkt haben.

Überanstrengung

Nach Überanstrengungen helfen feuchte Lehmumschläge an den Beinen. Der Lehm sollte mit kaltem Wasser angefeuchtet und mit einer Bandage fixiert werden. Die kühle Auflage verhindert ein Anlaufen der Beine und erfrischt das Pferd nach langen Ritten. Zudem sind feuchte Lehmpackungen für das Hufhorn die beste Pflege. Der Lehm hält die Hufwand feucht und garantiert so, daß das Horn die notwendige Flüssigkeit aufnehmen kann, ohne daß die Feuchtigkeit auf der Hufwand zu schnell verdunstet.

Verbrennungen

Verbrennungen behandelte der Cowboy mit Antilopentalg. Bei leichten Verbrennungen und Insektenstichen empfehlen sich aber besser Auflagen mit Zwiebeln oder Johanniskraut.

So wird man Zecken los

Im Gegensatz zum Menschen können Zecken den Pferden nichts anhaben. Hat sich eine Zecke in die Haut des Pferdes verbissen, darf man das Insekt aber nicht einfach abreißen, da sonst der Kopf der Zecke in der Wunde steckenbleibt und diese zu eitern beginnt. Ein einfaches Mittel zur Zeckenentfernung entdeckte der Rancher *Albert Dean* schon im Jahre 1877. Er beobachtete, daß die Zecken vom Euter seiner Kuh abfielen, wenn er das Euter mit Speck einrieb. Man kann auch jegliches Fett wie Butter oder Margarine verwenden. Noch besser aber ist ganz einfaches Speiseöl, das man über die Zecke träufelt. Dabei verschließt das Öl das Luftloch der Zecke, und das Insekt erstickt. In der Regel fällt dabei die Zecke von alleine ab.

Öl läßt Zecken abfallen.

Birnensaft und Puderzucker

Wenn offene Wunden sehr nässen, hilft eine Auflage von Puderzucker direkt auf der Wunde. Der Puderzucker enthält Fructose, die das Wundsekret aus der Wunde zieht und bindet. Diese Behandlung ist zwar für das Pferd etwas schmerzhaft, dafür aber sehr erfolgversprechend. Der Cowboy behandelte die Wunden seines Pferdes mit süßem Birnensaft, was wohl eine ähnliche Wirkung gehabt haben mag.

Desinfektion

Auch kleinere Wunden sollte man heute mit dem handelsüblichen Blauspray desinfizieren. Doch Alkohol wirkt ebenso desinfizierend. Der Cowboy verwendete hierzu in der Regel hochprozentigen Whiskey. Schwere Wunden wurden mit rotglühendem Eisen oder Schießpulver ausgebrannt. Die Hitze tötete alle Keime ab, so daß die Wunde nach dem Ausbren-nen steril war. Das gleiche gilt auch für den Heißbrand, der bei den meisten Zuchtverbänden auch heute noch praktiziert wird. Man sollte die Brandwunde keinesfalls mit Salben oder ähnlichem behandeln. Sie heilt ohne Zutun am besten ab, da die Wunde steril ist.

Abbinden von Wunden

Stark blutende Wunden kann man im Notfall sehr gut mit Schweifhaar abbinden. Dabei ist es egal, ob sich der Reiter oder das Pferd verletzt hat. Das Schweifhaar der Pferde ist sehr reißfest und kann gut um ein Bein oder einen Arm gewickelt werden. Da es beim Zusammenknoten aber brechen kann, sollte man beim Umwickeln darauf achten, daß die Schweifhaare übereinander liegen. So zieht sich die Bindung von selber fest und kann nicht aufgehen. Die Cowboys verwendeten immer Schweifhaar, um Wunden abzubinden. Für kleinere Verletzungen benutzten sie aber auch schon mal das Halstuch.

Der Westernsattel

Alte Sättel sind die besten

Der Sattel ist wohl das wichtigste, aber auch teuerste Utensil des Reiters. Ein Westernsattel von guter Qualität ist erkennbar an seinem dicken, aber weichen Leder. Unter 2000,– DM ist kaum ein akzeptabler Westernsattel zu haben, wenn

man sich einen neuen anschaffen will. Nicht nur aus Gründen des hohen Preises ist es aber ratsamer, sich auch einmal nach einem gebrauchten umzusehen. Die Qualität eines Westernsattels leidet durch einen längeren Gebrauch nämlich überhaupt nicht, im Gegenteil, sie wird sogar besser. Das Leder wird erst bei ständigem Gebrauch geschmeidig und weich, und ein neuer Sattel muß daher entsprechend eingeritten werden. Das dauert bei täglichem Gebrauch mindestens ein Jahr. Erst

Am Westernsattel lassen sich allerlei Dinge befestigen.

Keine großen Sprünge?

Ein Besucher aus dem Osten, der einem Cowboy erklärte, mit einem solchen Sattel könne das Pferd aber keinen Zaun überspringen, erhielt folgende Antwort:

»Fremder, dies ist Gottes Land, und da gibt es keine Zäune, aber ich bin sicher, *daß ich mit dem Sattel mehr Zäune überspringen kann, als Sie auf Ihrer Briefmarke (Cowboy-Spitzname für englischen Sattel) Stiere mit dem Lasso einfangen können.«*
(Aus: H. J. Stammel, »Das waren noch Männer«, Reinbek b. Hamburg, 1973.)

---

dann wird ein Sattel langsam so richtig bequem. Das war auch mit ein Grund, warum sich ein Cowboy lieber von seinem Pferd als von seinem Sattel trennte. Der Sattel war das Heiligtum des Cowboys. Es galt im »Wilden Westen« als schimpflich, wenn ein Mann seinen Sattel verkaufen wollte. Der Ausspruch »Er hat seinen Sattel verkauft« bedeutete den äußersten Grad sozialen Abstiegs.

Der Westernsattel ist vor allem auf einen sicheren Sitz und Bequemlichkeit hin ausgerichtet. Auch für das Pferd ist ein Westernsattel – trotz seines höheren Gewichtes – leichter zu tragen, da die größere Auflagefläche das gesamte Gewicht sehr viel besser auf dem Pferderücken verteilt.

Ein Sattel fürs Leben

Da sich auch der heutige Westernreiter nur sehr ungern von seinem eingerittenen Sattel trennt, bekommt man gute Gebrauchtsättel meist auch nur dann, wenn jemand den Reitsport aufgibt.

Ein Westernsattel hat eine Lebensdauer von 20 Jahren und mehr, so daß man einen guten Sattel sein ganzes Reiterleben lang behalten kann. So lohnt sich die relativ teu-

re Anschaffung eines Westernsattels – ob neu oder gebraucht – auf jeden Fall.

Holz- oder Kunststoffbaum?

Die modernen Westernsättel werden vermehrt mit einem Kunststoffbaum gefertigt. Der Vorteil dabei ist, daß der Sattel nicht mehr so schwer ist und deshalb auch von zierlichen Damen und Kindern leicht auf den Pferderücken gehoben werden kann. Oldtimer-Sättel bestehen noch aus dem legendären Holzbaum, der üblicherweise mit Rohhaut überzogen ist. An Haltbarkeit steht der Kunststoffbaum dem Holzbaum allerdings um nichts nach, so daß man sich und seinem Pferd ruhig einiges an Gewicht ersparen kann, wenn man den modernen Kunststoffbaum wählt.

Steigbügel in Position gebracht

Einen relativ neuen beziehungsweise noch uneingerittenen Sattel erkennt man daran, daß die Steigbügel parallel zum

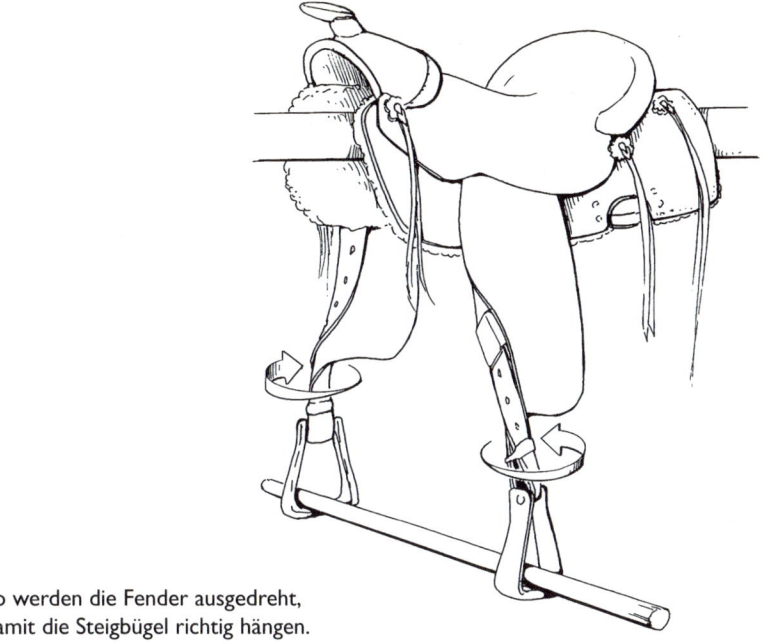

So werden die Fender ausgedreht,
damit die Steigbügel richtig hängen.

Sattel hängen. Beim Reiten sollten sie aber in optimaler Position, also um 90 Grad gedreht, herabhängen, damit der Fuß den Bügel leicht aufnehmen kann. Um dies zu erreichen, müssen die Fender (an denen die Steigbügel angebracht sind) zuvor ausgedreht werden. Man schiebt einen Besenstiel unter dem Sattel durch die Bügel hindurch, so daß diese in rechtwinkliger Position zum Hängen kommen. Es empfiehlt sich immer, wenn der Sattel nicht gebraucht wird, die Bügel auszudrehen, und zwar so lange, bis sie von selber in dieser Stellung bleiben. Beschleunigen kann man den Vorgang, indem man die Fender zuvor anfeuchtet. Ein in richtiger Position hängender Steigbügel läßt sich mit dem Fuß sehr viel leichter angeln, da er stets an der richtigen Stelle hängt.

Der Sicherheitssteigbügel

Für noch unsichere Reiter empfehlen sich sogenannte »Tapaderos«. Dies sind Steigbügel mit einem Lederüberzug. Sie verhindern ein gefährliches Durchrutschen des Fußes durch den Bügel. Falls es zu einem Sturz kommen sollte, kann sich durch den Überzug der Fuß nicht mehr im Steigbügel verhaken.

Tapaderos schützen aber auch vor Kälte, Wind und Regen. Und zu guter Letzt ist der Fuß durch die Tapaderos sicher im Steigbügel aufbewahrt, wenn man durch stacheliges Gestrüpp oder dichtes Unterholz reitet. Vor allem mexikanische Vaqueros benutzten vorzugsweise die »Taps«, die es in den unterschiedlichsten Formen gab, und schmückten sie mit allerlei Verzierungen.

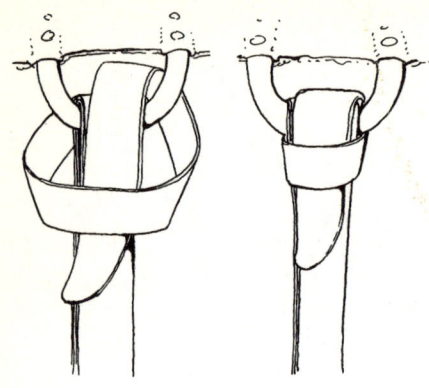

Die Schlipsknotengurtung beim Westernsattel

Die Schlipsknotengurtung

Die Gurtung eines Westernsattels kann in zweifacher Hinsicht geschehen. Es gibt die Lochgurtung, bei der dafür am Sattelgurt ein Dorn vorhanden sein muß. Fehlt der Dorn am Gurt oder aber auch die Löcher im Sattelriemen, kann man auf die altbewährte Schlipsknotengurtung zurückgreifen. Behelfen kann man sich mit dieser Knotung auch, wenn die Löcher des Gurtungsriemens nicht passen und man keine neuen bohren möchte. Wie gewohnt wird nun bei der Schlipsknotengurtung der Gurtungsriemen durch den Ring am Sattelgurt gezogen. Schließlich wird er von vorne nach hinten durch die Riggingplatte am Sattel geführt, nach links hervorgezogen und vorne über den zuvor durchgezogenen Gurtungsriemen geführt. Auf der rechten Seite führt man den Riemen wieder nach hinten und oben durch die Riggingplatte, so daß der Riemen nach vorne wieder in Erscheinung tritt. Schließlich wird das Ende hinter den querliegenden Riemen hindurchgezogen

und festgezurrt. Der Schlipsknoten hat nur einen Nachteil: Er trägt am Sattel etwas auf, so daß er möglicherweise am Knie stört.

Gegen die Fliegenplage

Nicht wenige Pferde sind gegen Fliegen – besonders am Bauch – empfindlich. Nun gibt es heutzutage zwar eine ganze Menge »Arzneien« dagegen, die meisten Fliegenmittel zum Einreiben versagen jedoch spätestens dann ihre Dienste, wenn die Pferde zu schwitzen beginnen. Auch mit dem Schweif können die Pferde die Bauchgegend nur schwer erreichen.

Um Fliegen und Mücken zu vertreiben, befestigte der mexikanische Rinderhirte sogenannte Fliegenbommel am Sattelgurt. Die Bommel hingen an unterschiedlich langen Schnüren am Gurt und schlenkerten bei jeder Bewegung des Pferdes hin und her. Damit konnten sich die Fliegen nicht mehr am Pferdebauch halten. Diese Bommel lassen sich mit etwas handwerklichem Geschick selber herstellen. Hierzu nimmt man eine Handvoll gleich langer Schnüre von etwa 20 Zentimeter Länge und knüpft das Bündel in der Mitte mit einer weiteren Schnur zusammen, die dann als Anbindeschnur an den Sattelgurt dient. Um das Paket wickelt man einen weiteren Faden, der dem Bündel die Bommelform gibt. Man kann verschiedene Farben verwenden, aber auch Perlen als Verzierung mit einarbeiten. Die Bommel lassen sich am besten an einem Schnurengurt befestigen; bei fellunterlegten Gurten bieten nur zwei Ösen, die zur Befestigung von Vorderzeug und hinterem Bauchgurt gedacht sind, Möglichkeiten, die Fliegenbommel anzubringen.

Decke gegen Satteldruck

Eine Sattelunterlage aus flauschiger Schafwolle schützt das Pferd am besten gegen Druckstellen durch den Sattel. Die Mexikaner nannten eine solche Decke, die in der Form der indianischen Navaho-Schweißdecke nachgebildet war, »Carleitas«.

Heute verwendet der Westernreiter gerne auch Pads mit einer sogenannten Kodelunterlage, einem synthetischen Material, das auch in Krankenhäusern gegen Wundliegen verwendet wird.

Bunte Navaho-Satteldecken

Sehr beliebt sind die bunten indianischen Navaho-Satteldecken bei den Western- und Wanderreitern auch heute noch. Die Navahos färbten ihre Pferdedecken mit dem intensiven gelbgrünen Farbstoff der Actinea-Pflanze. Die Decken wurden dadurch sogar wetter- und wasserbeständig und behielten ihre intensive Farbkraft über Jahrzehnte.

Gebisse und Zäumungen

Die Trense

Obwohl der Cowboy die Trense (auch »Snaffle Bit« genannt) so gut wie nie verwendete, hat sie sich auch bei den Westernreitern als Ausbildungs- und Trainingsgebiß durchgesetzt. Im Gegensatz zur Stange ist es mit der Trense sehr viel besser möglich, das Pferd mit beidhändiger Zügelführung zu lenken.

Das Stangengebiß

Die Stange mit Hebelarmanzügen ist das klassische Westerngebiß. Allerdings gehört dieses Stangenmundstück allein in die Hände eines Könners. Bei falscher Anwendung kann das Gebiß sehr scharf wirken und dem Pferd erhebliche

Das Snaffle Bit: Diese Kupferrollentrense wird von Westernreitern gerne verwendet.

Schmerzen zufügen. Der Cowboy ritt ausgebildete Pferde ausschließlich auf Stange. Für ihn war es wichtig, daß das Pferd auf das leiseste Zeichen mit dem Zügel schon reagierte. Das war notwendig, weil er sonst Gefahr laufen konnte, von den Hörnern der Rinder durchbohrt oder von deren Hufen zertrampelt zu werden. Damit das Pferd aber schnell reagierte, mußte es entsprechend sensibel bleiben. Grobe Handeinwirkungen stumpfen ein Pferd im Maul ab, und es würde letztendlich auch mit dem Stangengebiß nur träge reagieren. Nur für den Notfall war darum eine harte Einwirkung erlaubt, dann allerdings sogar notwendig.

Dieser Grundsatz gilt auch heute noch. Wenn mit einem wirkungsvollen Gebiß wie der Stange geritten wird, dann hat man für den Notfall eine gute Einwirkungsmöglichkeit, allerdings nur, wenn das Pferdemaul nicht schon durch ständiges Ziehen und grobes Zerren abgestumpft und das Pferd »maultot« ist.

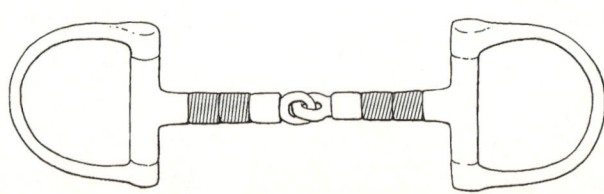

In der Hand des Reiters...

Bei jeglichen Gebißproblemen sollte man versuchen, nur in allerletzter Konsequenz in die Trickkiste zu greifen, da das eigentliche Problem fast immer die Hand des Reiters ist, die zu grob einwirkt. Bei einer gut geschulten Hand entstehen Gebißprobleme erst gar nicht.

Gebiß für nervöse Pferde

Manche Stangen haben in der Zungenfreiheit eine Kupferrolle (»Roller Bit«) eingearbeitet. Diese kann nervösen Pferden helfen, sich abzureagieren. Das Pferd dreht dabei die Kupferrolle mit der Zunge, wodurch ein schnorrendes Geräusch entsteht. Viele Turnierreiter haben diese Methode schon erfolgreich probiert. In Mundstücke eingearbeitetes Kupfer schmeckt den meisten Pferden recht gut und regt zudem den Speichelfluß an – das Pferd geht zufriedener und gelassener.

Wenn das Pferd die Zunge übers Gebiß legt

Nimmt ein Pferd die Zunge übers Gebiß, hilft es manchmal, das Gebiß etwas enger zu schnallen. In vielen Fällen ist dies aber erfolglos. Dann kann man auf ein Zungenstrecker-Gebiß ausweichen. Dieses Gebiß hat auf dem Mundstück eine Einlage, die einem Spaten oder Löffel ähnlich sieht (in der Westernsprache auch »Spade Bit« genannt). Hiermit ist es dem Pferd fast nicht mehr möglich, die Zunge übers Gebiß zu legen. Eine gute Möglichkeit ist auch, das Pferd öfters mit dem Gebiß im Maul fressen zu lassen.

Süßes Mundstück

Wenn ein Pferd das Gebiß nicht gern annimmt, kann man ihm das Mundstück mit Honig, Sirup oder Zucker »versüßen«. Verwendet man Zucker, muß das Mundstück zuvor naß gemacht werden, damit die Zuckerkristalle haften bleiben. Der Cowboy bediente sich dieser Methode auch, allerdings verwendete er statt Zucker Maple-Sirup, eine zähe, braune und sehr süße Flüssigkeit, die aus dem Zuckerahorn-Baum gewonnen wurde. Für den Mannschaftskoch war der

Ein Stangengebiß mit Kupferrolle

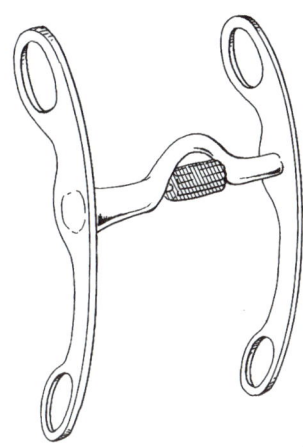

Ahorn-Sirup unentbehrlich für seine Rezepte. Außerdem gewann man aus dem Sirup durch Gärung Wein und durch Destillation den beliebten scharfen Brandy.

Heutzutage gibt es in Fachgeschäften auch schon Gebisse mit Apfelgeschmack zu kaufen, die von den Pferden sehr gern angenommen werden.

Die Hackamore

Wenn von einer Hackamore die Rede ist, meint der Westernreiter im Normalfall immer die Bosal-Hackamore. Es gibt auch noch eine andere Zäumung mit dem Namen Hackamore, die mechanische Hackamore, manchmal auch »Außen-Kandare« genannt. Sie wirkt über Hebelarmanzüge auf den Nasenrücken des Pferdes.

Die Bosal-Hackamore besteht aus dem Bosal, einem Nasenband, das aus Rohhautbändern geflochten ist, und der sogenannten Mecate, einem Haarseil, das zugleich als Führseil und Zügel dient.

Die Hackamore ist eine wunderbare Zäumung, wenn man mit ihr umgehen kann! Der Zügelzug auf der rechten Seite bewirkt einen Druck auf der linken Kinnseite des Pferdes, dem es ausweicht. Da der Zügelzug in Druck umgewandelt wird, ist diese Zäumung ein sehr gutes Trainingsinstrument, wenn man beispielsweise ein Pferd auf das »Neck Reining« (das Weichen des Pferdes auf Zügeldruck am Hals) umstellen will. Beim Zug mit beiden Zügeln wirkt der Bosal direkt auf die Nase und drückt zudem die Schenkel am Kinn zusammen.

Bosals gibt es aus unterschiedlichen Materialien, die sich in ihrer Qualität stark unterscheiden. Am besten sind Bo-

Die klassische Bosal-Hackamore

sals mit einer Rohhautseele. Meist werden Bosals mit einer Seele aus Hanfseil oder Draht angeboten. Sie sind jedoch nicht zu empfehlen, da erstere zu weich, letztere zu steif sind. Beide Typen lassen sich nur sehr schlecht formen. Eine Formung vor dem Gebrauch ist aber unerläßlich, damit sich das Pferd nicht am Kinn aufscheuert.

Scheuern des Bosals verhindern

Einen gut geformten Bosal bekommt man, indem man ihn für mehrere Monate einspannt. Man kann zum Formen einen

Rundling nehmen, den man durch den Bosal möglichst nah in Richtung des Knotens schiebt und dann fixiert. Dort, wo der Genickriemen angebracht wird, bindet man den Bosal ebenfalls zusammen, damit er seine gewünschte Form erhält. In dieser Stellung beläßt man ihn für mindestens zwei bis drei Monate. Nach dieser Zeit ist der Bosal dauerhaft verformt, so daß die Gefahr des Aufscheuerns weitaus geringer ist.

Eine andere Möglichkeit, die das Formen wesentlich erleichtert, besteht darin, auf einem Brett vier runde Hölzer so zu fixieren, daß zwei der Hölzer innerhalb und zwei außerhalb des Bosals befestigt sind. Der Bosal kann dann so eingespannt werden, daß dabei die gewünschte Form entsteht.

Besonders empfindliche Pferde scheuern sich auch bei gut geformten Bosals an Nase und Kinn auf. Dann empfiehlt es sich, die Bosalschenkel und den Nasenbereich mit Schaffell zu ummanteln.

Gute Bosal-Qualität erkennen

Ob ein Bosal von guter Qualität ist, läßt sich daran erkennen, ob der Bosal mit besonders dünnen Rohhautschnüren sehr fein geflochten ist. Grobe Bosals sind Billigware und nie mit einer Rohhautseele ausgestattet. Ein Bosal kann nur dann eine Rohhautseele haben, wenn er mit Hilfe von dünnen Schnüren geflochten ist, da man nur mit diesen eine Seele fertigen kann. Gute Bosals sind sehr zu empfehlen, doch die Qualität hat natürlich ihren Preis. Nicht selten kosten sie das Vierfache eines »normalen« Bosals.

So bleibt die Mecate weich

Wer eine weiche Mecate haben will, entscheidet sich für ein Haarseil aus Pferdemähnenhaar. Schweifhaarmecates sind wesentlich steifer und stacheliger als die aus Mähnenhaar. Oft sind auch noch Rinderhaare mit beigemischt, die die Mecate noch steifer und härter machen. Manchmal bestehen sie auch aus Mähnen- und Schweifhaaren und/oder Pferde- und Rinderhaaren.

Wenn man die Mecate in die Hand nimmt und spürt, wie sie sich anfühlt, kann man am besten feststellen, welche einem liegt.

Wäscht man die Mecate in 80 Grad heißem Wasser, wird sie noch etwas weicher. Hierzu steckt man sie am besten in einen Sack, der gut verschlossen werden muß (da sonst herausgewaschene Pferdehaare die Rohre der Waschmaschine verstopfen könnten) und wäscht das Ganze mit etwas Waschpulver und Weichspüler in der Maschine.

Die Hackamore als Halfter

Es ist nicht ratsam und kann sogar gefährlich werden, ein Pferd am Führseil der Hackamore anzubinden. Wenn das Pferd, aus welchen Gründen auch immer, rückwärts zieht, kann es sich das ganze Kopfstück abstreifen.

Dies kann man verhindern, indem man die Zügel um das Genick legt und an der Kehle verknotet. Damit ist die Bosal-Hackamore am Kopf so fixiert, daß das Pferd sie nicht mehr abstreifen kann. Diese Methode empfiehlt sich im übrigen auch, wenn man das Pferd über längere Zeit hin führen will.

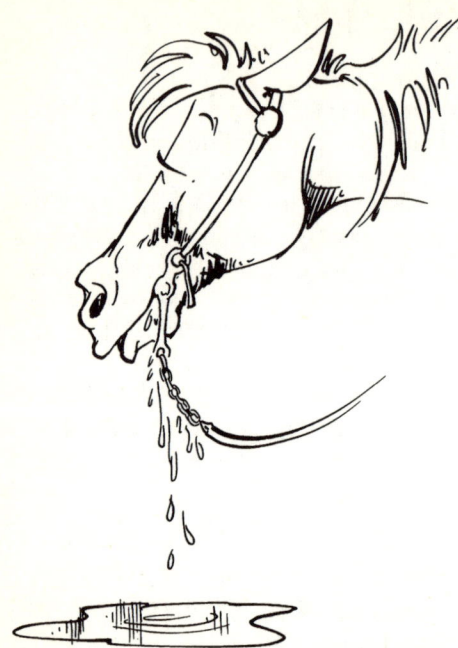

Saubere Zügel

Das Leder der Zügel wird vor Verschmutzung geschützt, wenn zwischen dem Gebißstück und den Zügeln kurze – 10 bis 20 Zentimeter lange – Kettchen verschnallt werden. Diese sogenannten »Sabberkettchen« lassen den Speichel der Pferde daran ablaufen. Der Westernreiter kann sich diese Kettchen auch noch in anderer Hinsicht zunutze machen. Die zwischengeschnallten Kettchen verleihen den Zügeln ein höheres Gewicht, so daß diese ruhiger hängen. Vor allem beim Galoppieren schlenkern die Zügel dann nicht so stark. Der kalifornische Cowboy verwendete die Kettchen gern auch einfach nur zur Zierde.

Sabberkettchen halten die Zügel sauber.

Viele Tricks mit einem Strick

Der Seemann läßt grüßen

Es gibt kaum ein einfacheres und vielseitigeres Hilfsmittel als ein ganz simples Stück Seil. Vorausgesetzt natürlich, man weiß es entsprechend anzuwenden.

Aus einem Strick lassen sich Halfter, verschiedene Zäumungen, Befestigungsriemen, Anbindeseile und Verbindungsstücke kreieren. Sehr wichtig dabei aber ist, zu wissen, wie man die Leine knüpft oder befestigt, um damit einen bestimmten Zweck erfüllen zu können. In erster Linie sind dies verschiedenartige Spezialknoten. Der Cowboy kannte eine ganze Menge davon, teilweise mit sehr bildhaften Namen wie »Gebirgsmännchen«, »Indianerlocke«, »Hühnerauge«, »Termitenbiß«, »Wolfsrachen« oder »schielender Jaguar«. Fast alle Arten von See-

Der Cowboy kannte viele Tricks mit einem Strick.

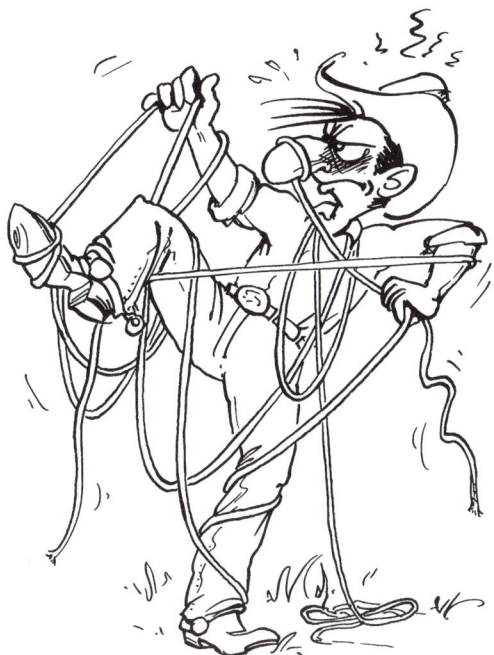

Keine gordischen Knoten

Alle Knoten sind darauf ausgelegt, daß sie leicht zu knüpfen sind, sehr gut halten und sich wieder einfach lösen lassen.

mannsknoten sind im Cowboyrepertoire enthalten, aber auch die Indianer kannten noch weitere unzählige Knüpfungsvarianten, da sie keine Befestigung mit Nägeln kannten. Die wichtigsten Knoten, die auch dem heutigen Reiter nützlich sein können, sind nachfolgend aufgeführt.

Der praktische Honda-Knoten

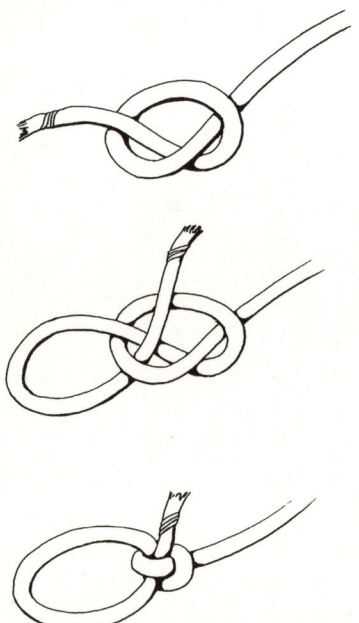

Der Honda-Knoten

Mit dem Honda-Knoten läßt sich eine Schlinge herstellen, die sich nicht zuzieht und leicht wieder zu lösen ist. Vor allem wenn man eine Öse benötigt, ist der Honda-Knoten das beste, was es gibt. Dies ist beispielsweise der Fall bei der Verwendung eines Seils als »War Bridle« (siehe auch: Stürmische Pferde in Schach halten, S. 77). Der Cowboy knüpfte den Honda-Knoten am Ende seines Wurfseils, damit er das andere Seilende durch die Öse ziehen konnte. Damit erhielt er eine Schlinge, mit der er Rinder und Pferde einfing. Der Honda-Knoten ist sehr leicht, wie die Abbildung zeigt.

Der Palstek- oder Bowline-Knoten

Dem Palstek-Knoten liegt das gleiche Prinzip zugrunde wie dem Honda-Knoten. Er dient ebenfalls zur Herstellung eines »Auges«, das sich nicht zusammenzieht. Dieser Knoten ist bei Seeleuten als Palstek-Knoten und bei Cowboys als Bowline-Knoten wohlbekannt.

Seite 71:
Oben: Die Indianer waren hervorragende Pferdekenner.
Unten: Indianische Pferdebemalung

Seite 72:
Die unendliche Weite des Landes und die damit verknüpften Vorstellungen von Freiheit und Abenteuer machen viel von der Faszination des Lebens im amerikanischen Westen aus.

Der Palstek- oder Bowline-Knoten

Halber Schlag

Der halbe Schlag ist eine leichte Befestigung, bei der das Seilende um die Halterung geschlungen, einmal um das Seil gewickelt und durch die entstandene Öse gezogen wird. Der halbe Schlag wird angewendet, wenn man etwas nur lose befestigen möchte. Wenn der Knoten keinesfalls aufgehen soll, macht man mehrere halbe Schläge nebeneinander, so zum Beispiel bei der Hobble vom Vorderfuß zum Halfter (siehe auch: Wenn das Pferd trotz Hobbles flüchtet, im Kapitel: Maßnahmen gegen Ausreißer, S. 42). So hält die Befestigung ganz sicher.

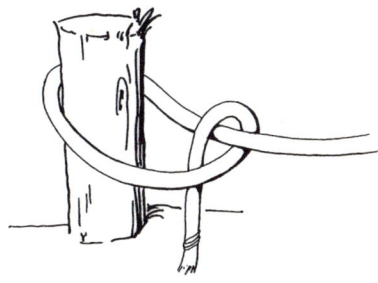

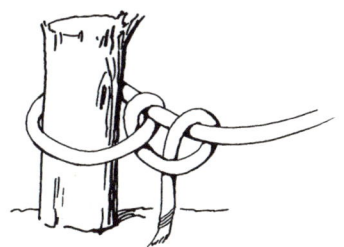

Rechts: Der Halbe Schlag eignet sich für leichte Befestigungen.

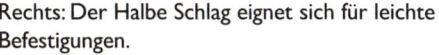

Der Sicherheitsknoten

Den Sicherheitsknoten sollte jeder Reiter beherrschen. Er ist mit einem Ruck zu lösen. Wenn das Pferd allerdings am Strick zerrt, geht der Knoten niemals auf. Schnelles Öffnen eines Knotens ist in Notsituationen wichtig. Wenn ein Pferd in Panik gerät und sich gegen das Angebundensein heftig wehrt, kann es passieren, daß es stürzt und sich verletzt. Dann ist es unter Umständen lebensrettend, den Knoten sofort lösen zu können. Der Sicherheitsknoten ist sehr einfach zu erlernen, wie auf der Abbildung zu sehen ist.

Pferde, die gern mit dem Anbindestrick spielen, lernen sehr schnell, wie der Sicherheitsknoten zu öffnen ist. Dann muß man eine zusätzliche Sicherung einbauen, indem man das Ende des Seils durch die Schlinge steckt.

Zwei Stricke miteinander verbinden

Um zwei kürzere Stricke zu einem längeren zusammenzuknoten, dient in erster Linie der Kreuzknoten. Dabei sollten die beiden Seile möglichst die gleiche Stärke haben. Will man zwei unterschiedlich starke Leinen verbinden, empfiehlt sich der von den Seefahrern als Schotstek bezeichnete Knoten.

Es gibt zwei Varianten, den einfachen Schotstek und den doppelten, wobei der doppelte Schotstek besser hält, vor allem wenn die beiden Leinen vom Durchmesser her sehr verschieden sind.

Der Sicherheitsknoten

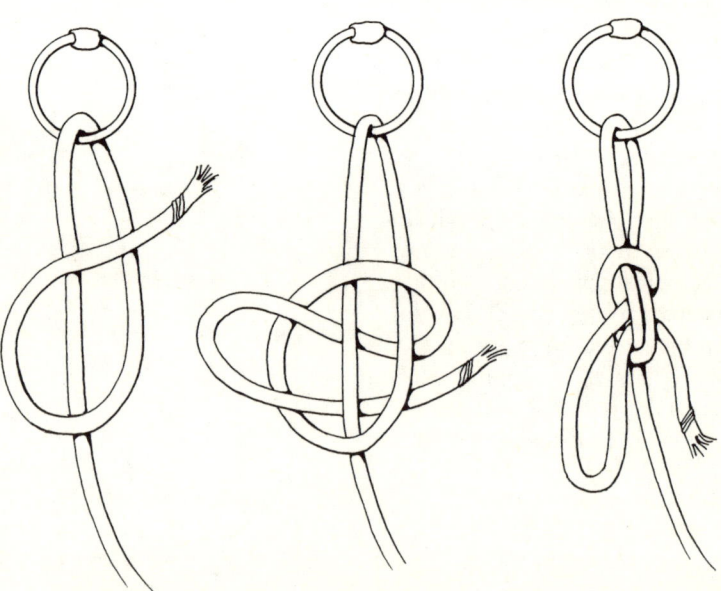

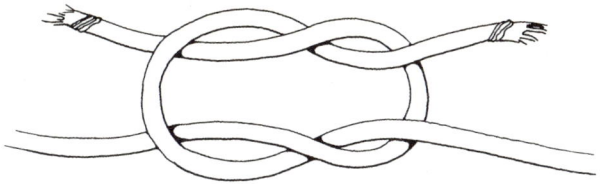

Der Kreuzknoten eignet sich, um zwei Stricke miteinander zu verbinden.

Knoten im Seil

Um Pferde besser am Führstrick halten zu können, empfiehlt es sich, in das dicke Führseil in Abständen von circa 50 cm Knoten zu machen. Dies gibt den Händen besseren Halt und verhindert ein Durchrutschen der Leine, wenn ein Pferd stürmisch am Strick zieht. Auch Verbrennungen an den Händen kann man so verhindern, sollte einem das Pferd den Führstrick durch die Hand ziehen. Natürlich kann man auch Handschuhe zur Vorbeugung von Verbrennungen anziehen, diese sind in den warmen Sommermonaten allerdings recht unangenehm. Die Knoten hierzu werden am besten mit dem »Achtknoten« gemacht.

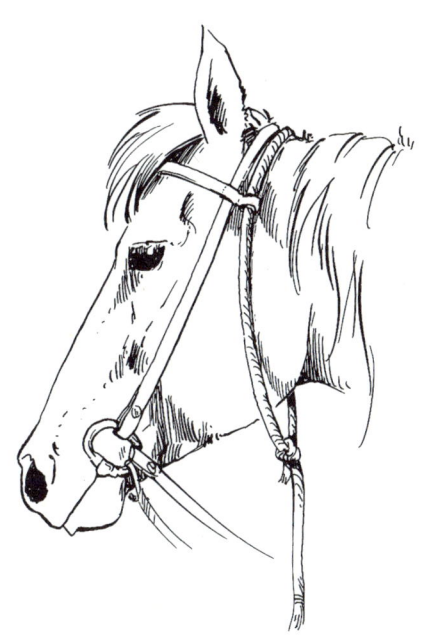

Der Feador – ein besonderer Sicherheitsriemen

Der Achtknoten

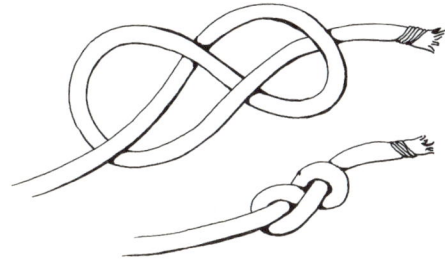

Ein besonderer Sicherheitsriemen

Ein Zusatzriemen, der an gleicher Stelle verläuft wie der Kehlriemen bei vielen Zäumungen, wird oft als »Feador« bezeichnet. Wie auch der Kehlriemen verhindert er, daß der Zaum über den Kopf

Einer der schwersten...

»Sie kamen von überall im Umkreis von 100 Meilen zu Johnny Everheardt, um von ihm den Feador-Knoten, einen der schwersten, knüpfen zu lassen, gleich Dutzende von Feadors auf einmal. Johnny forderte dafür 75 Cents pro Knoten, und er bekam das Geld. Er verriet keinem, wie er es machte, daß sie eine Ewigkeit hielten. Er nahm die Hanfseile und verschwand. Wenn er zurückkehrte, hielt er einen Feador in der Hand, wie ihn kein anderer knüpfen konnte«, schreibt der Ranch-Vormann *Hank G. McDiffits* im Jahre 1891.
(Aus: H. J. Stammel, »Der Cowboy – Legende und Wirklichkeit von A–Z«, 1972.)

rutscht. Er wird sehr oft bei der Bosal-Hackamore verwendet.

Der Cowboy bezeichnete dagegen als Feador einen Zusatzriemen, der am Kopf des Pferdes hinter den Ohren und am Hals herunterlief und am gegenüberliegenden Gebißstück befestigt war. Dieser Zusatzriemen diente in erster Linie als zusätzlicher »Sicherheits-Zügelgriff«, der insbesondere bei »grünen Broncos« und Packpferden Verwendung fand. Man ergreift ihn, wenn man den Packsattel festbinden oder das noch wilde Pferd besteigen will. Der Reiter nimmt ihn in die linke Hand und hält ihn so lange fest, bis er im Sattel sitzt oder mit seiner Arbeit am Packsattel fertig ist. Dieser Hilfszügel verhindert, daß sich das Pferd blitzartig drehen kann und der Reiter in die Nähe seiner Hinterhufe gerät. Durch den Feador wird der Reiter mitgezogen und bleibt so außerhalb des Gefahrenbereichs der Hinterhufe. Der Feador bestand zumeist aus geflochtenem Roßhaar.

Der Indianerzaum

Ein einfacher Strick genügt, um ein Pferd zu zäumen. Hilfreich kann ein solcher Strick in Notsituationen sein, wenn ein Lederriemen am Zaumzeug reißt, aber auch wenn man ein Pferd, das kein Halfter trägt, von der Weide heimreitet. Die Indianer benutzten diese Art von Zäumung am häufigsten. Man nimmt dazu

Oben ohne

Da beim Indianerzaum – außer am Unterkiefer – kein Strick oder Lederriemen am Kopf zu liegen kommt, eignet sich diese Zäumungsart auch vorübergehend für Pferde, die Scheuerstellen von Halftern oder anderen Zäumungen oder Verletzungen im Kopfbereich haben.

das Seil doppelt und legt es dem Pferd ins Maul. Die Seilenden werden nun durch die Schlinge unterhalb des Kinns gezogen und als rechter und linker Zügel am Pferdehals vorbeigeführt.

Stürmische Pferde in Schach halten

Eine halfterähnliche Zäumung, die ebenfalls die Indianer erfanden, wird oft auch als »War Bridle« (= Kriegszaum) bezeichnet. Die War Bridle kann man als Halterersatz benutzen (die Indianer verwendeten sie aber auch als Reitzaum, wobei sie nur einen Zügel zur Verfügung hatten) und hält zudem insbesondere stürmische Pferde in Schach. Der Strick wird dabei so um den Pferdekopf gelegt, daß das Seil an der Nase und hinter den Ohren auf bestimmte Nervenbahnen drückt, an denen das Pferd empfindlich reagiert.

Es gibt mehrere, sich ähnelnde Zäumungsarten, die alle als War Bridle bezeichnet werden können. Man benötigt einen Strick mit einem Metallring an einem Ende. Man kann auch eine Öse mit dem Honda-Knoten knüpfen (siehe auch: Der Honda-Knoten, S. 70). Dem Pferd wird nun die Schlinge um den Hals gelegt. Das Seilende schlingt man unter

Einfacher geht's nicht: der Indianerzaum.

---

dem Kinn zur rechten Seite hin zweimal über die Nase. Man greift die erste Umwindung und zieht sie über die zweite hinter die Ohren. Bei der einfacheren Version entfällt die Schlinge um den Hals. Bei einer dritten Version legt man zwar eine Schlinge um den Hals, bildet aber keinen Riemen um die Ohren.

kann man es jederzeit als Anbindestrick verwenden. Praktisch ist es, das Seil zwischen zwei dicke Bäume zu spannen, denn so hat man schnell eine hervorragende Anbindemöglichkeit für mehrere Pferde. Das mitgeführte Seil sollte bereits mit einer Öse versehen sein (Honda-Knoten!), damit der Gebrauch noch einfacher wird.

Das Wurfseil

Das unter dem Begriff »Lasso« bekannte Wurfseil der Cowboys kann auch dem heutigen Western- und Wanderreiter von großem Nutzen sein, wenn auch nicht unbedingt um Rinder damit einzufangen. In der Regel sind Seile aus Hanf solchen aus Rohhaut vorzuziehen, da die Rohhaut-Lariats steifer sind. Es lohnt sich, ein Seil ständig am Sattel mitzuführen, da man es zu vielen Gelegenheiten gebrauchen kann. Zum einen kann man es als Nothalfter oder -zäumung benutzen, wenn der Lederzaum gerissen ist. Zum anderen

Und noch ein Riemen

Ein schmaler Riemen aus Latigo-Leder kann ebenfalls gute Dienste leisten, wenn am Sattel oder Zaumzeug etwas festgezurrt werden soll. Er ist gut geölt und hierdurch sehr geschmeidig und wirkt außerdem etwas elastisch. Man verwendet ihn daher auch gern als Gurtungsriemen, der dann entsprechend breiter und dicker ist. Pferden, die empfindlich gegen scheuerndes Zaumzeug sind, kann mit einem Latigo-Zaum oftmals geholfen werden. Latigo-Leder erkennt man auch an seiner rötlich-braunen Farbe.

Warum das Lasso »Lasso« heißt

Das Wort »Lasso« ist aus dem spanischen »lazo« = Schlinge abgeleitet. Allerdings benutzte sowohl der historische als auch der heutige Cowboy das Wort »Lasso« nie. Der Cowboy spricht immer von »Lariat« oder »Rope«, wenn er das Wurfseil meint. »Von Kanada bis Mexiko erkennt man im Rinderland der USA einen blutigen Anfänger daran, daß er ein Wurfseil Lasso nennt«, sagte *Fay E. Ward* im Jahre 1958. Daß man im deutschen Sprachgebrauch das Wurfseil stets nur »Lasso« nennt, ist wohl auf den »Märchenerzähler« *Karl May* zurückzuführen, der leider sehr viele solcher historischen Fehler mit seinen Geschichten von einem »Wilden Westen«, den es nie gab, verbreitet hat. Das Wort, das kein echter Cowboy je benutzt hat, scheint im Deutschen unausrottbar zu sein, und selbst Autoren und Übersetzer, die sich auf ihre Geschichtskenntnisse etwas zugute halten, verwenden es ungerührt weiter. (Aus: H. J. Stammel, »Der Cowboy – Legende und Wirklichkeit von A–Z«, 1972.)

Der Westernhut

Neben den Sporen ist der Hut das Markenzeichen eines »echten« Cowboys. Der Hut war aber alles andere als ein Gegenstand persönlicher Eitelkeit. Der Cowboyhut wurde wegen seiner Zweckmäßigkeit in vielerlei Bereichen eingesetzt. In erster Linie gilt der Hut natürlich auch heute noch als Wetterschutz.

Kein Wanderreiter möchte auf seinen langen Ritten auf den Hut verzichten, der ihm bei blendender Sonne Schatten spendet und bei strömendem Regen den Kopf trocken hält.

Und wenn es noch so stürmt

Nicht nur gegen Regen und Sonne bietet der Westernhut einen guten Schutz, sondern auch vor starkem Wind. Hierzu muß

Der Westernhut schützt gegen Wind und Wetter.

der Hut allerdings gut passen oder mit einem »Sturmband«, das unter dem Kinn hindurch verläuft, festgebunden werden.

Bei den Cowboys waren die Sturmbänder entweder aus Rohhaut oder Roßhaar. Heute sind es meist schmale Lederbänder, die außerdem auch hübsch aussehen. Mit dem Sturmband kann man den Hut aber auch auf dem Rücken herunterhängend tragen, wenn man ihn gerade nicht aufsetzen möchte.

Wenn der Hut zu groß ist

Zu große Hüte macht man passend, indem man in die Innenseite des Hutes rundherum einen Streifen Fensterabdichtungsband klebt. Diese Abdichtungsstreifen sind weich wie Schaumstoff und haben eine selbstklebende Seite, die man am Hut fixiert. Der Schaumstoff trägt etwas auf, so daß der Hutdurchmesser kleiner wird und der Hut besser sitzt. Zudem rutscht die Schaumstoffauflage am Kopf nicht und saugt auch noch Schweiß auf. Zur Not kann man aber auch zusammengefaltetes Zeitungspapier einlegen.

Do it yourself: Hutbänder

Die korrekte Größe kann man auch mit dem Hutband regulieren, das zu jedem Hut dazugehört wie der Schweif zum Pferd. Das Hutband wird in der richtigen Größe am Hut angebracht, so daß er fest auf dem Kopf sitzt. Der Cowboy hatte in der Regel sein eigenes Hutband, von dem er sich ebensowenig trennte wie von einem eingerittenen Sattel. Meist waren die Hutbänder selbst geflochten und bestanden in der Regel aus Roßhaar, Schlangen-

haut oder Leder. Ein eigenes Hutband selbst herzustellen macht viel Spaß, zumal man seiner Fantasie freien Lauf lassen kann. So kann man selbst Schweif- und Mähnenhaare, die man beim Verziehen des Langhaars sammelt, zu einem Hutband flechten. Man kann aber genausogut Lederstreifen oder Bast nehmen. Zum Einarbeiten eignen sich kleine Perlen oder anderer individueller Schmuck. Sehr hübsch sehen auch bunte Federn am Hutband aus.

Westernhut in Form gebracht

Wie hätten Sie's gern? Krempe hoch, tief, aufgerollt oder flach? Die Hutform dem individuellen Geschmack des Trägers anzupassen ist kein Problem. Formen kann man den Filzhut, indem man ihn über Wasserdampf hält und anschließend in die gewünschte Form bringt. Der Cowboy hatte eine etwas andere, aber gleichermaßen erfolgreiche Methode, seinem neuen Hut die gewünschte Form zu geben. In der Regel bestand sein Hut aus Biberhaarfilz, der zuvor erst einmal flach aufs Wasser gelegt wurde. Schließlich tauchte der Cowboy den Hut ganz unter Wasser, jedoch so, daß im Innenteil der Hutkrone eine Luftblase erhalten blieb, damit dieser Teil nicht naß wurde. Dann wurde der Hut mit Tüchern abgeklopft und in die gewünschte Form gepreßt. Anschließend setzte sich der Cowboy den Hut auf und gab ihm die endgültige Form. Er setzte sich mit dem feuchten Hut auf dem Kopf so lange an ein rauchiges, loderndes Feuer, bis der Hut trocken war. Erst nach dieser Prozedur wurde das

Der 10-Gallonenhut kann tief ins
Gesicht gezogen werden.

Hutband angebracht sowie gegebenenfalls auch das Sturmband.

Sonderbare Formen

Je nach Klima und Art der Gegend wech-
selten auch die Hutformen. Bekannt ist
sicherlich der mexikanische Sombrero,
der eine besonders breite Krempe hat. Er
dient in den heißen Wüstengegenden in
erster Linie als Sonnenschutz und bietet
viel Schatten.

Eine besondere Form des Westernhu-
tes ist der sogenannte Zehn-Gallonen-
Hut, der eine extrem hohe Krone aufweist. Ein derartiger Hut verleiht dem
Träger ein gewichtigeres Aussehen, ist
aber eigentlich nur eine Erfindung der
Filmindustrie. Dennoch kann man diesem Hut eine praktische Verwendung ab-
gewinnen. Durch die hohe Krone läßt
sich der Hut besonders tief ins Gesicht
ziehen, wenn Wind, Regen und Sturm
unangenehm werden. Ein Sturmband ist
dann nicht mehr notwendig.

Alles für den Reiter

Chaps für jede Gelegenheit

Chaps waren für den Cowboy nicht nur
ein unentbehrlicher Teil seiner Arbeits-
kleidung, sondern auch Ausdruck seiner
Männlichkeit. Chaps gibt es in den unterschiedlichsten Formen, je nach ihrem spe-
ziellen Zweck. Im allgemeinen werden
Chaps gegen Regen, Kälte und Wind eingesetzt, sie verhindern aber ebenso eine
Verschmutzung der Hose. Aus diesem
Grund sind Chaps auch beim heutigen
Freizeitreiter sehr beliebt. Von den indianischen »Leggins« hat der Cowboy den
Ledergürtel übernommen, der aus zwei
Einzelchaps ein zusammengehöriges Paar
machte. In regenreichen Gebieten wurden Angoraziegenhaar-Chaps den ölge-
tränkten Lederchaps vorgezogen, weil
Lederchaps in der Kälte steif und brüchig
werden. Bei Ziegenhaar-Chaps kann dagegen das Wasser an den Haaren wunder-
bar ablaufen und hält den Reiter zusätzlich sogar noch besser warm.

So bleibt Leder weich

Die beliebtesten Kleidungsstücke des
Cowboys waren und sind auch heute noch
Jacken und Hosen aus Hirschleder. Damit
das Leder, auch nach etlichen Regengüs-
sen, noch weich blieb, mußten bei der

Chaps schützen die Beinkleider des Reiters vor
Verschmutzung.

Herstellung der Kleidung einige Dinge beachtet werden. Nachdem die Tiere gehäutet waren, wurden zuerst die Haare mit Schabern und Urin entfernt. Die so gewonnene Rohhaut wurde geknetet und langsam das Hirn des Hirsches in die Poren gerieben. Vorsichtig wurde dann das Leder mit kleinen Rohhaut-Sandsäckchen weichgeklopft. Zum Schluß wurde das Leder über ein Feuer gehängt und »ausgeräuchert«. Der Rauch gerbte dabei nicht nur die Haut, sondern verschloß auch die Poren, so daß das Leder, auch wenn es einmal naß geworden war, immer weich blieb.

Je nach der gewünschten Farbnuance nahm man als Brennstoff entweder Weißzeder, Rotzeder oder getrocknete Eicheln.

Reißfestes Leder

Lederschnüre und Zügel sind haltbarer, reißfester, stärker, geschmeidiger und dehnbarer, wenn sie geflochten sind. Hat man nur dünne Schnüre zur Verfügung, kann man auch diese flechten und daraus einen reißfesten Strick fertigen. Der Cowboy entwickelte das Lederflechten zur Perfektion und kannte unzählig viele Flechtarten. Seine Kunstfertigkeit brachte er entweder aus der »Alten Welt« mit oder übernahm sie von den Indianern. Die Grundmaterialien zum Flechten waren dabei immer Rohhaut oder Leder.

Rohhaut, ein vielseitiger Rohstoff

Rohhaut oder Rohleder verwendeten vor allem die Indianer für die unterschiedlich-

Die einfachste Art, Schnüre zu flechten.

sten Dinge. In erster Linie gebrauchte man das Material für Befestigungsschnüre, um Tipis sturmfest zu machen oder aber auch um Lasten auf dem Pferderücken zu befestigen. Verwendung fand die Rohhaut ebenso als Hufschutz (siehe: Origineller Hufschutz, im Kapitel: Reitertricks, S. 100), für Zäumungen (Hackamore) sowie Riemen und Seile (Rohhaut-Lariats). Blutfrische Rohhautschnüre verwendeten die Cowboys auch als Gatterschlaufen. In der Sonne getrocknet, wurden sie hart wie Draht. Rohhaut ersetzte so auf einer Ranch Nägel, Draht und Scharniere.

Heute ist es natürlich nicht mehr sinnvoll, anstatt der Nägel oder einem Draht Rohhaut zu nehmen. Allerdings können Rohhautstreifen sehr wohl noch gute Schnüre für allerlei Befestigungen (am

Sattel) abgeben. Rohleder ist jedoch im Lederhandel heutzutage schwer zu bekommen; man kann sich aber auch mit Hundekauknochen aus Rohleder behelfen. Dazu weicht man die Knochen in Wasser ein, wickelt sie aus und schneidet sich die benötigten Riemchen oder die gewünschte Form aus dem Stück heraus. Das Material ist zwar nicht erstklassig, aber dennoch brauchbar.

Das praktische Halstuch

Daß das Halstuch dem Cowboy nur dazu diente, sich bei Banküberfällen das Tuch vors Gesicht zu ziehen, damit er nicht erkannt werden konnte, ist ein Gerücht. Tatsächlich fand das Halstuch – auch »Bandanna« genannt – vielseitige Verwendung und war für den Cowboy so unentbehrlich wie sein Pferd.

In erster Linie zog er sich das Tuch zum Schutz vor Staub und Kälte vors Gesicht, wobei das taschentuchähnliche Tuch diagonal gefaltet und im Nacken verknotet wurde. Auch als Serviette und Notverband benutzte der Cowboy sein Halstuch. Um aus sandigen Wasserlöchern zu trinken, tauchte er sein Halstuch ein, ließ es voll Wasser saugen und drückte es im Mund aus. Zu guter Letzt diente das Tuch auch als »Blinder«, um wilden Pferden die Augen zuzubinden, wenn sie bestiegen werden sollten. Ein rundum praktisches Tuch, das auch dem Wanderreiter bei vielen Gelegenheiten nützlich sein kann.

Wasserdichter Schlafsack selbstgemacht

Ein Segeltuch, das man in den Ausmaßen mit gut fünf mal zwei Metern großzügig wählen sollte, dient als wasserdichte Oberschicht für das Bett im Freien. Das Segeltuch wird an beiden Längsseiten mit Ösen und Karabinerhaken versehen, so daß man das Tuch zu einem Schlafsack zuhängen kann. Als »Innenfüllung« dienen zwei dicke Wolldecken, die man zusammengerollt – wiederum umhüllt vom Segeltuchstoff – am Sattel mitführt. Wenn man das Segeltuch so großzügig bemißt, kann man sich »einmummeln«, und auch ein Schneesturm kann einem nichts mehr anhaben!

Ein wasserdichter Schlafsack läßt den Reiter ruhig schlafen.

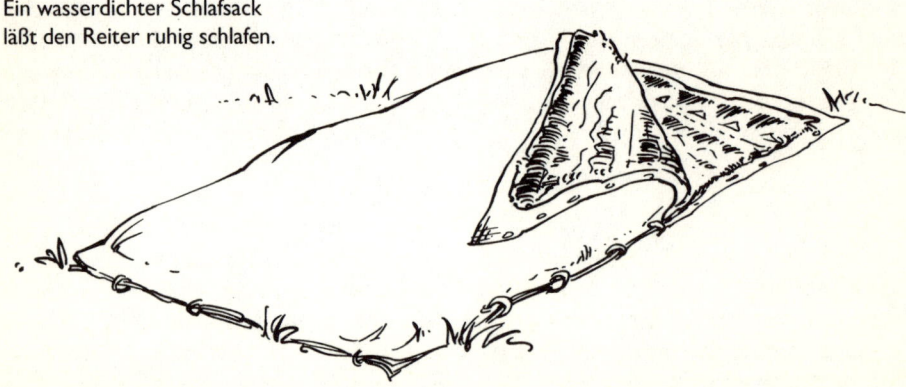

Der Poncho ist ein praktischer Regenschutz.

Unterwegs kann man überdies das Segeltuch auch als Abdeckung der Last des Packpferdes verwenden.

Nicht nur eine Zierde

Der Fransenlook war nicht nur im »Wilden Westen« sehr beliebt, sondern ist auch heute wieder modern. Vor allem Jacken und Hemden aus Hirschleder waren mit langen Fransen geschmückt, die jedoch nicht nur als Zierde galten, sondern auch einen praktischen Zweck erfüllten: Die Fransen leiten das Regenwasser von der Kleidung ab und verhindern, daß es in den Ärmel hineinläuft. Lederjacken und Fransenchaps sind auch beim Westernreiter sehr beliebt, allerdings trägt er die Westernkleidung im allgemeinen nur bei Showvorführungen.

Der Poncho

Einen Poncho, der gegen Regen und Kälte hervorragend schützt, kann man sich sehr leicht selber herstellen. Man nimmt hierzu entweder nur eine Decke oder – für einen Regenschutz – ein wasserundurchlässiges Material und schneidet einen Schlitz in die Mitte, gerade so groß, daß der Kopf hindurchpaßt.

Besonders praktisch ist dabei, daß ein genügend großer Poncho beim Reiten auch Sattel und Gepäck mit abdeckt und so vor Nässe schützt.

»Sanfte« Sporen

Um es gleich vorwegzunehmen: Sporen sind nicht dazu da, ein Pferd zu bestrafen. Der Cowboy verlor sein Gesicht,

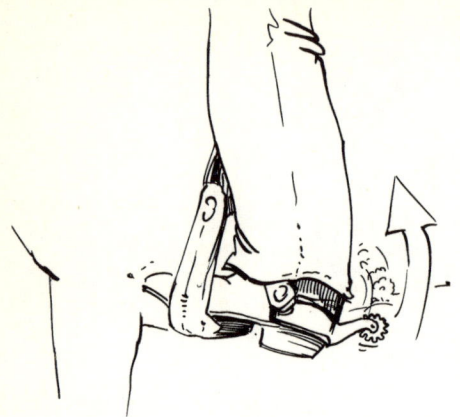

Westernsporen sind keineswegs so scharf, wie man glauben mag, denn sie rollen am Pferdekörper ab.

sogenannten »englischen« Sporen einen großen Vorteil: Anstelle eines starren Dorns sind Westernsporen mit einem Rad mit abgerundeten Zacken ausgestattet. Dies sieht zwar martialisch aus, ist aber für das Pferd schonender als ein spitzer und feststehender Dorn: Die Zacken rollen bei der Berührung mit dem Pferd vom Körper ab, so daß eine eventuell zu starke Einwirkung abgemildert wird.

Sinnvolles Schuhwerk

wenn sein Pferd sichtbare Spuren von Sporeneinwirkung aufwies oder durch den Sporn sogar noch schwerer verletzt wurde. Sporen sollten nur angewendet werden, um die Hilfen feiner zu geben. Daher sollten Sporen nur guten und einfühlsamen Reitern vorbehalten bleiben! Die Westernsporen haben gegenüber den

Die Sohle eines Stiefels, den man zum Reiten benutzen will, sollte zwar ein Profil aufweisen, damit der Reiterfuß nicht aus dem Bügel rutschen kann. Allerdings darf dieses Profil nicht zu grob sein, da man mit dem Stiefel sonst auch im Steigbügel hängenbleiben kann, und das kann bei einem Sturz sehr gefährlich sein! Zusätzlich sollte man auch darauf achten, daß der Reitstiefel einen genügend ausgeprägten Absatz hat, der ein Durchrutschen durch den Steigbügel verhindert. Westernstiefel sind zum Reiten in der Regel ein ideales Schuhwerk.

Zureiten und Ausbilden

Reiten ist ein relativ gefährlicher Sport, denn der Sportpartner Pferd ist aufgrund seiner natürlichen Instinkte ein gewisser Risikofaktor. In erster Linie ist dies der Fluchtreflex des Pferdes, aber auch andere natürliche Abwehrreaktionen wie Bukkeln, Steigen und Ausschlagen sind keine unerheblichen Gefahrenmomente. Gerade solch gefährliche Situationen kann ein guter Reiter sehr viel besser meistern.

Andere Gefahren liegen in der Risikobereitschaft, aber auch in der Selbstüberschätzung des Reiters. »Auf Nummer Sicher« zu gehen ist darum immer vernünftig und heißt keineswegs, daß man feige ist. Wahren Mut kann man in tatsächlichen Notsituationen beweisen, die niemals selbst herbeigeführt werden. Sonst wäre es nämlich Leichtsinn!

Viele Tricks hatte der Cowboy parat, um sein risikoreiches Reiterleben sicherer zu gestalten, sowohl in der Ausrüstung als auch im Umgang mit dem Pferd und beim Reiten selbst. Zur Pferdezähmung und -erziehung hatte der Rinderhirte allerdings nicht sehr viel Zeit, so daß er auf ein schnelles »Einbrechen« der Vierbeiner angewiesen war, um aus ihnen brauchbare Reittiere zu machen.

Ganz anders dagegen bildeten die Indianer – allen voran die Comanchen – ihre Pferde aus. Mit viel Ruhe und Geduld zogen sie zuverlässige Pferde heran, die mit der kleinsten Gewichtsverlagerung zu lenken waren. Die Comanchen – und da sind sich alle Historiker einig – waren wohl die besten Reiter aller Zeiten. Sie hatten eine besonders »gute Hand« für Pferde, sie zähmten die wildesten Mustangs, sie ritten am verwegensten, und sie züchteten die schnellsten und ausdauerndsten Tiere. Kein Wunder, daß ein indianisch ausgebildetes Pferd bei den Cowboys besonders hoch im Kurs stand.

Vom sogenannten europäischen oder englischen Reiten hielt der Cowboy nicht sehr viel. Er fand diese Art des Reitens völlig unbequem und konnte sich nicht vorstellen, in englischer Reitweise und Ausrüstung über mehrere Stunden im Sattel zu sitzen. Die Westernreitweise ist natürlich auf Bequemlichkeit ausgerichtet, schließlich mußten die Cowboys oftmals täglich 16 Stunden und mehr im Sattel verbringen.

Cowboy *Ken T. Mulridge* hatte für die englische Reitweise nicht allzuviel übrig (1921):

»Ich weiß nicht, wie das die Leute aushalten, was sie Reiten nennen. Sie werden von den Zehen bis zu den Haarspitzen ununterbrochen durchgeschüttelt und hopsen im Sattel wie Frösche auf einer Glasscheibe. Sie haben Steigbügel, dünn und schmal wie eine Bandnudel, und halten die Zügel so tief, daß praktisch ein Pferd sie mitnimmt,

aber nicht geritten wird. Ich möchte mal sehen, wie diese Leute aussehen, wenn sie so 36 und 50 Stunden ununterbrochen im Sattel sitzen müßten. Und das Schöne ist: Sie behaupten, das sei die einzig korrekte Art zu reiten! Well, so ist das, wenn man nicht weiß, wovon man redet.«

(Aus: H. J. Stammel, »Der Cowboy – Legende und Wirklichkeit von A–Z«, 1972.)

Bockenden Pferden auf die Beine helfen

Bocken gilt hierzulande als Untugend, für den Cowboy war diese Abwehrreaktion normal, insbesondere, wenn er ein wildes Pferd unter dem Sattel hatte. Einen Bocker zu kurieren ist gar nicht so einfach, zumal bereits jeder Bocksprung eine nicht unerhebliche Gefahr für den Reiter darstellt.

Für den Reiter gilt es in erster Linie herauszufinden, worin die Gründe für diese Unart liegen. Eine ungenügende Ausbildung in Verbindung mit Angst bringt ein Pferd dazu, mit Abwehr zu reagieren und zu buckeln. Da der Reiter das Pferd mit den Zügeln festhält, kann es seinem Fluchttrieb nicht folgen. Die angestaute Angst und Energie entlädt sich nach »oben«, das Ergebnis: Steigen oder Buckeln. Falsch gegebene und meist auch zu grobe Hilfen sind in vielen Fällen ebenfalls ein Grund für häufiges Buckeln. Aber auch Bewegungsmangel kann Bocksprünge auslösen, in erster Linie geschieht dies dann am Anfang eines Rittes.

Nur der Cowboy liebte buckelnde Pferde.

AUF EINEN BLICK

Ursachen für das Bocken

- Das Pferd hat Schmerzen. Satteldruck, aber auch brutale Reiterhilfen mit Sporen und Gerte können ein Pferd zum Bocken veranlassen.
- Das Pferd hat zuwenig Bewegung. Gerade Boxenpferde können ihren Bewegungsdrang nicht frei ausleben und neigen unter dem Reiter eher zu Bocksprüngen, um den Bewegungsbedarf nachzuholen.
- Das Pferd fühlt sich angegriffen. Wenn kein Vertrauensverhältnis zwischen Reiter und Pferd besteht, können Abwehrreaktionen des Pferdes zu Bocksprüngen ausarten.

Buckeln verhindern

- In erster Linie müssen zunächst die Ursachen für das Bocken gesucht und wenn möglich sofort behoben werden.
- Das Pferd möglichst mit gebogenem Hals gehen lassen. Mit einem hereingenommenen Kopf kann das Pferd kaum buckeln. Gute Übungen am Anfang des Rittes sind darum Volten und Schlangenlinien.
- Tiefe Böden wie Sumpf, Sand oder auch Wasser (Bach, Fluß) erschweren dem Pferd das Buckeln ebenfalls.

Vor allem in Boxen gehaltene Pferde, die keinen oder nur wenig Auslauf haben, sind hierfür Kandidaten.

Ein überschäumendes Temperament kann dieses Problem noch zusätzlich verschlimmern. Manches Mal kann aber auch eine schlechte Ausrüstung Bocksprünge hervorrufen. Wenn der Sattel nicht paßt und er dem Pferd schmerzhafte Druckstellen beschert, bleiben Bocksprünge häufig nicht aus. Das Tier versucht dabei nur, den schmerzhaften Druck loszuwerden.

Das Herausfinden und Beseitigen der Ursachen ist immer die Lösung eines Problems. Nur ist das nicht immer einfach und das Korrigieren ebenfalls keineswegs leicht. Das gilt für jede Art von sogenannten »Untugenden« des Pferdes, sei es Buckeln, Steigen, Beißen oder Ausschlagen.

Während man nach der Ursache sucht, ist es allerdings keinesfalls ratsam, das Pferd so lange buckeln zu lassen, bis man das Problem gefunden hat. Die »Untugend« könnte eines Tages zur Gewohnheit werden und den Reiter in Gefahr bringen. Bocksprünge eines Pferdes kann man am besten verhindern, indem man den Kopf des Reittiers zur Seite nimmt. So kann es nämlich schlecht in die Luft springen. Es gilt darum in erster Linie, Schlangenlinien und Volten zu reiten, damit das Pferd immer in gebogener Linie gehen muß.

Ein guter Trick ist es auch, auf schwerem Boden zu reiten, also im tiefen Sand, auf sumpfigen Stellen (aber Vorsicht!) oder auch in einem Bach oder Fluß. Das Pferd tut sich auf solchem Untergrund wesentlich schwerer zu buckeln. Der Indianer suchte immer derartige Stellen auf, wenn er ein Pferd einreiten oder das Buckeln korrigieren wollte.

Wo Bocken noch erwünscht ist

Das Reiten von bockenden Pferden hatte sich schnell zu einem Sport entwickelt, der auch heute noch bei Rodeoveranstaltungen der Höhepunkt des Programms ist. Acht Sekunden muß sich der Reiter auf einem wild bockenden Pferd halten können. Bei solchen Wettbewerben wird jedem Rodeoreiter ein Pferd zugelost.

Aus akutem Mangel an ungerittenen Wildpferden schnallt man den Tieren einen 10 bis 14 cm breiten Gurt um den hinteren Bauchbereich. Dieser Gurt wird ziemlich stark festgezurrt, so daß es dem Pferd sehr unangenehm ist und es durch Buckeln versucht, sich davon zu befreien. Diese Manipulation ist nicht tierfreundlich. Wenn man aber bedenkt, daß diese Rodeopferde ansonsten möglichst ohne Menschenkontakt (um sie im wesentlichen wild zu belassen) auf weiten Weiden in einer Herde gehalten werden, wird man dennoch erkennen müssen, daß es so manches andere Reitpferd in seinem Leben nicht so gut getroffen hat, auch wenn dies natürlich keine Rechtfertigung ist oder sein kann.

Übrigens wird Rodeo immer noch mit Westernreiten gleichgesetzt. Die Reitweise hat aber nicht das geringste mit dem Reiten von buckelnden Pferden zu tun. Rodeo und Westernreiten haben lediglich den gleichen Ursprung, aber ganz andere Zielsetzungen.

Einbrechen

Der Cowboy hatte es oft mit buckelnden Pferden zu tun. In der Regel war dabei die Ursache eine vehemente Abwehrreaktion des Pferdes aufgrund von Angst und fehlender Ausbildung, denn die Tiere waren meist eingefangene Wildpferde und noch nicht zugeritten. Beim Zureiten setzte sich der Reiter aufs Pferd und versuchte so lange im Sattel zu bleiben, bis das Tier erschöpft aufgab und sich fügte. Ab diesem Zeitpunkt galt das Pferd als »eingebrochen«. Ein eingebrochenes Pferd aber war nach dieser Prozedur nicht nur körperlich am Ende seiner Kräfte, sondern es war auch sein Wille buchstäblich gebrochen. Das Cowboypferd war somit ein Tier, das sich widerstandslos unterordnete und dadurch ein brauchbares Arbeitspferd wurde.

Ein bockendes Pferd gehörte zum Alltag des Cowboys. Ein besonders wilder Bocker war bei den amerikanischen Rinderhirten auch sehr beliebt, da man ihm die notwendigen Eigenschaften für ein gutes Cowpony zusprach. Ein »müder« Bocker oder Wildpferde, die überhaupt nicht buckelten, waren beim Cowboy nicht sehr angesehen. Man traute diesen Pferden keine großen Leistungen zu. Die Art des Bockens gab dem erfahrenen Cowboy Aufschluß über Mut, Zähigkeit, Ausdauer, Kraft und Tapferkeit eines Pferdes.

Bei manchen Pferden waren die Abwehrreaktionen so groß, daß sie sogar versuchten, den Reiter auf ihrem Rücken zu beißen, und sich gegen Zaunpfosten oder auf den Rücken warfen, um den Reiter loszuwerden. Solche Pferde wurden dann »Killer« oder »Outlaws« genannt.

Das Einbrechen eines Pferdes ist eine tierquälerische Angelegenheit, die unter keinen Umständen praktiziert werden sollte. Der Cowboy hatte aber keine andere Möglichkeit, schnell an ein reitbares Pferd zu kommen. Er konnte es sich nicht leisten, Wochen und Monate für die sanfte Ausbildung seines Pferdes zu investieren, ehe es gut reitbar und als Cowhorse einsetzbar gewesen wäre. Seit den 80er Jahren begann man aber langsam, weniger rauhe Methoden vorzuziehen, und viele Ranches stellten sogenannte »Bronco Buster« ein, deren Aufgabe es war, die noch ungerittenen Pferde ebenso kunstwie liebevoll an Sattel und Reiter zu gewöhnen und die Tiere schließlich an die schweren Aufgaben eines Ranchpferdes heranzuführen.

Obwohl gerade der heutige Freizeitreiter die Zeit hätte, seine Pferde langsam und liebevoll auszubilden, trifft man immer wieder auf Pferde, die von ihren Reitern so lange drangsaliert wurden, bis sie jeden Widerstand aufgegeben haben. Oftmals werden alle möglichen Hilfszügel eingesetzt, die das Pferd in eine bestimmte Haltung zwingen. Diese auf Zwang ausgerichtete »Ausbildung« ist auch eine Art des »Einbrechens«. Das Ergebnis ist zwar ein Tier, das alles brav mitmacht, aber selber keine Freude mehr hat. Ein solches Pferd wird sich auch nicht mit all seinen Kräften für seinen Reiter einsetzen. Darum standen schon bei den Cowboys die Indianerpferde, die mit viel Geduld und ohne Zwangsmittel ausgebildet wurden, wesentlich höher im Kurs, da diese Pferde weitaus verläßlicher, schneller und einsatzfreudiger waren.

Indianer und Pferde

Es ist bemerkenswert, daß der Indianer im Umgang mit Pferden meist intuitiv richtig handelte, während der heutige Freizeitreiter erst dicke Pferdebücher über Haltung, Umgang und Pferdepsychologie lesen muß, um es dann oft doch wieder falsch zu machen. Vielleicht liegt es daran, daß die Indianer sehr naturverbunden aufwuchsen und lebten, vielen europäischen Reitern aber die Natur immer fremder wird. Spaziergänge im Wald genügen eben nicht, um die Natur in ihrer Schönheit, aber auch in ihrer Härte kennenzulernen. Der Cowboy verbrachte zwar ebenfalls sehr viel Zeit in der Natur, doch konnte er dem Indianer in bezug auf Naturverbundenheit das Wasser nicht reichen.

Der Indianer war dem Cowboy stets ein großes Vorbild, sowohl was das Überleben in der Natur anbetraf als auch den Umgang mit Pferden. Der Indianer konnte Zeichen in der Wildnis lesen und deuten wie wir Buchstaben in einem Buch. Deshalb war er Meister darin, die Sprache der Natur (des Wetters, der Pflanzen, der Tiere und somit auch der Pferde) zu verstehen. Die Pferdesprache zu verstehen ist die Grundvoraussetzung für eine Kommunikation, und diese ist wiederum Voraussetzung für den korrekten, artgerechten Umgang mit dem Pferd.

Die sanfte indianische Art

Die einzige »Grobheit«, die der Indianer anwendete, war das Einfangen und Festhalten des Pferdes mit dem Wurfseil. Doch anders kam er an die Wildpferde nicht heran. Bei den selbstgezogenen jungen Pferden war das dann natürlich nicht mehr notwendig. In der Regel hielten vier Leute das eingefangene Wildpferd an den Seilen fest, während der fünfte sich dem Tier näherte. Bevor der Indianer versuchte, das Pferd zu berühren, blies er dem Wildling seinen Atem in die Nüstern. Das beruhigte das Tier etwas, denn es konnte die Witterung des Fremden voll aufnehmen. Gegenseitiges »Nüsternblasen« ist in der Pferdesprache eine Form der Begrüßung (siehe auch: In die Nüstern blasen, S. 97). Nun schlang der neue Pferdebesitzer eine Rohhautschlinge um Nase und Hals des Pfer-

des. Damit hatte er es gehalftert. Mit dieser Schlinge band er das Wildpferd für einige Tage an eine ruhige, alte Stute an. Während dieser Zeit redete der Indianer sehr häufig mit dem neu eingefangenen Tier. Erst jetzt wurde versucht, das Tier auch mit den Händen zu berühren.

Zuerst streichelte er die Nüstern, denn so konnte das Pferd die Witterung aufnehmen. Langgezogene Brummlaute unterstützten die Prozedur. Langsam versuchte nun der Indianer, das Pferd an allen anderen Stellen des Körpers zu berühren. Oft wurde dafür zuerst eine Decke verwendet, mit der man das Pferd abrieb. Mehrmals wurde die Decke auf den Rücken des Pferdes geworfen und wieder

Wenn der Mensch dem Pferd in die Nüstern bläst, kann es dessen Witterung am besten aufnehmen.

heruntergezogen. Der Indianer nahm sich hierfür viele Stunden Zeit und wiederholte das ganze Programm täglich. Erst wenn das Tier völlig ruhig stand, schwang er sich auf den Pferderücken. Zuvor hatte er es bereits auch an das Reitergewicht gewöhnt, indem er sich mehr und mehr mit den Ellbogen auf dem Pferderücken abstützte. Das so gezähmte Tier konnte Vertrauen zu seinem Reiter aufbauen, und so konnte eine echte Freundschaft entstehen. Die mit viel Ruhe und Geduld ausgebildeten Tiere erbrachten auch sehr viel mehr Leistung als ein Pferd, das mit Zwangsmethoden zugeritten wurde. Die langsame und ruhige Ausbildung sollte darum für jeden Pferdefreund eine Selbstverständlichkeit sein.

Aussacken

Das Aussacken oder Auslappen ist eine gute Möglichkeit, Pferde an furchterregende Gegenstände zu gewöhnen. Bereits der Indianer bediente sich dieser

Sensibilisierung und Desensibilisierung

Die meisten Reiter wünschen sich ein Pferd, das gegenüber bestimmten Einwirkungen abgehärtet, sprich desensibilisiert ist, andererseits aber auf minimale Hilfen anspricht, also darauf sensibilisiert ist. Wie läßt sich dies erreichen?

Der Indianer wußte ganz genau, was er tun mußte, um sein Pferd gegen bestimmte Reize zu desensibilisieren, während er es bestens verstand, sein Pferd auf die Hilfengebung besonders empfindlich zu machen.

Es gibt eine *Grundregel*, die man sich merken kann:

Desensibilisiert wird ein Pferd durch ständiges Wiederholen und Verstärken eines Reizes. Sensibilisiert wird ein Pferd durch eine zunächst sanfte Einwirkung, die langsam gesteigert und sofort beendet wird, wenn das Pferd richtig reagiert hat.

Ein Beispiel: Will man ein Pferd an flatternde Plastikplanen gewöhnen, also gegenüber dem Reiz flatternder Plastikplanen desensibilisieren, wird man sich zuerst langsam mit der Plane dem Pferd nähern. Nachdem man ihm die furchterregende Folie gezeigt hat, schüttelt man sie ein wenig, gerade so viel, daß sie knistert. Wiederholt man diesen Vorgang ein paarmal, wird das Pferd immer weniger erschrecken und schließlich die Plane ohne Angst akzeptieren: Das Tier ist gegen diesen Reiz desensibilisiert worden.

Auf Reiterhilfen allerdings soll das Pferd sensibel reagieren. Der Schenkeldruck muß darum langsam, von minimalster Berührung ausgehend, gesteigert werden, so lange, bis das Pferd korrekt reagiert. Dann wird das Pferd beim nächsten Mal schon früher reagieren, weil es weiß, daß bei richtiger Reaktion der Druck sofort aufhört. Im Laufe der Zeit reagiert das Pferd schon bei der geringsten Berührung: Es ist auf diesen Reiz sensibilisiert. Es leuchtet darum ein, daß ein ständiges Klopfen mit dem Schenkel (Wiederholung und Verstärkung) das Pferd nur abstumpfen, aber keineswegs sensibilisieren kann.

Methode, um seine Pferde für bestimmte Reize zu desensibilisieren. Man erzeugt dabei Geräusche und macht Bewegungen, die ein Pferd in aller Regel zum Scheuen und Durchgehen veranlassen. Durch ständiges Wiederholen, langsames und vorsichtiges Steigern der Bewegungsgeschwindigkeit oder der Lautstärke der Geräusche gewöhnt man das Pferd allmählich daran, so daß es in solch einem Fall nicht mehr scheut.

Man kann dafür zuerst Lappen und Decken nehmen, die man dem Pferd über den Rücken wirft. Zuvor allerdings natürlich daran schnuppern lassen und – je nach Temperament und Sensibilität des Pferdes – dem Tier damit über das Fell streichen. Findet das Pferd die Prozedur in Ordnung und erschrickt nicht mehr,

kann man die Anforderungen langsam und vorsichtig steigern und zum Beispiel auch Plastikfolien und ähnliches nehmen. Pferde lassen sich auf diese Weise an fast alles gewöhnen.

Einige Beispiele:
● Motorengeräusch: den Motor zuerst normal laufen lassen, dann aufheulen lassen beziehungsweise zusätzlich hupen;
● am Regenschirm schnuppern lassen, dann aufspannen;
● Klappersack (Kartoffelsack, gefüllt mit leeren Dosen) zeigen, dann schütteln und auf den Rücken legen;
● über eine Plastikplane führen, später die Plane über den Pferderücken (noch später auch über den Kopf) ziehen und ähnliches.

Pferde beruhigen

Stewball

Das Singen gehörte zu einem »echten« Cowboy genauso wie sein Pferd. So manches Lied, dessen Melodie dem Cowboy während seiner Nachtwacheritte einfach so eingefallen war, wurde wenig später in ganz Amerika gesungen. Andere Lieder entstammten der irischen Volkslied-Tradition, beispielsweise das berühmte Lied über das schnelle Pferd *Stewball*. Text und Melodie änderten sich fortwährend, je nachdem wo das Lied gesungen wurde. Hier eine der verbreitetsten Versionen:

1. Strophe

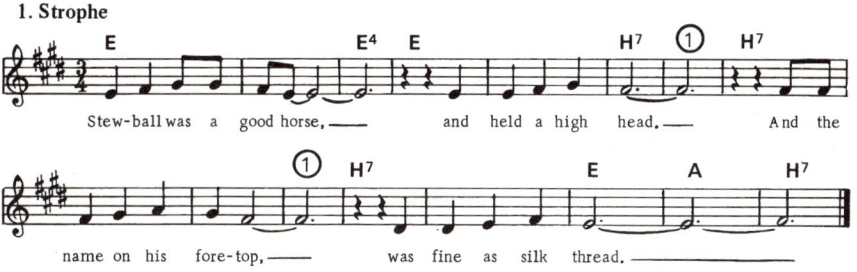

2. I rode him in England,
I rode him in Spain,
And I never did lose boys,
I always did gain.

3. So come all of you gamblers,
From near and from far,
Don't bet your gold dollar,
On that little gray mare.

4. Most likely she'll stumble,
Most likely she'll fall,
But you never will lose on
My noble Stewball.

5. Sit tight in your saddle,
Let slack on your rein,

And you never will lose boys,
You always will gain.

6. As they were riding,
'bout half way 'round,
That gray mare she stumbled
And fell to the ground.

7. And away out yonder,
Ahead of them all,
Came dancing and prancing,
My noble Stewball.

8. Stewball was a race horse,
and by the day he was mine,
He never drank water,
He always drank wine.

Singen und Pfeifen

Das beste Beruhigungsmittel, das der Cowboy kannte, war Singen oder Pfeifen. Nicht nur die Rinder sprachen auf diese Methode hervorragend an, besonders wenn sie während der Nacht bei Sturm und Unwetter unruhig wurden und eine Stampede zu befürchten war. Auch nervöse und unruhige Pferde kann man mit sanften Melodien beruhigen. Zum einen werden die Tiere durch die Lieder abgelenkt, zum anderen beruhigt Singen oder Pfeifen auch den Reiter, und dies überträgt seine Gelassenheit auf das Pferd. Ganz nebenbei reguliert er auch die Atmung, was sehr wichtig ist. Wer angespannt oder ängstlich ist, hält unwillkürlich die Luft an – für Pferde ein absolutes Alarmzeichen!

Der »Zigeunergriff«

Bei älteren Pferdeleuten gibt es zum Festhalten unruhiger Pferde eine Methode, die auch als »Zigeunergriff« bekannt ist. Der Indianer, aber auch der Cowboy, wendete diesen Griff ebenfalls an.

Man ergreift dabei mit der ganzen Hand eine Hautfalte des Pferdes (am besten am Hals oder an der Schulter) und drückt diese zusammen. Das lenkt das Pferd ab. Außerdem dürfte dieser Griff nicht unbedingt angenehm für das Pferd sein, weshalb es dann lieber stillhält.

Der »Zigeunergriff« läßt Pferde stillhalten.

Das Pferd »an der Nase packen«

Wenn ein Pferd unruhig herumzappelt, darf man es ruhig mal »an der Nase pakken«. Der Indianer streckte dabei seinen Arm unter dem Pferdehals hindurch und umfaßte mit der Hand das Nasenbein. Dann drückte er mit den Fingern die Nüstern ganz behutsam etwas zu, so daß das Pferd weniger Luft bekam und ruhiger wurde.

Mit diesem Griff kann man übrigens Pferde sehr gut halten – auch wenn sie kein Halfter tragen. Das Luftabdrücken sollte man aber besser unterlassen, da es manche Pferde auch zur Panik treibt und die Tiere quält. Es genügt, die flache Hand auf den Nasenrücken zu legen.

So kann man ein Pferd auch ohne Halfter sehr gut unter Kontrolle halten.

Durst macht gefügig

Eine verpönte, aber wirkungsvolle Methode ist es, das Pferd zwei Tage lang dursten zu lassen, um es zu beruhigen. Vor allem Pferdehändler wendeten diese Möglichkeit auch bei uns an, wenn sie nervöse Pferde dem kaufinteressierten Kunden als ruhige und brave Tiere vorstellen wollten. Der Cowboy griff zu dieser Methode in erster Linie, damit sich die besonders wilden Longhorn-Rinder besser treiben ließen. Er verhinderte auf diese Weise so manche Stampede an den ersten beiden Tagen eines Trailrittes, die immer am gefährlichsten waren, da die Rinder öfter versuchten umzudrehen, um auf ihre Heimatweide zurückzulaufen. Bei Pferden bot sich diese einfache, aber tierquälerische Methode an, um wilde Broncos vor dem Einreiten ruhig zu machen.

In die Nüstern blasen

Eine Methode der Beruhigung, die bereits schon die Indianer angewendet haben, besteht darin, dem Pferd in die Nüstern zu blasen.

Das Pferd fürchtet sich anschließend weniger, weil es durch den Atem die Witterung des Menschen voll aufnehmen kann. Zudem ist das gegenseitige Anblasen in der Pferdesprache eine Form der Begrüßung.

Diese Methode funktioniert vor allem dann, wenn das Pferd vor dem Menschen Angst hat oder verunsichert ist.

Artgenosse als Ruhepol

Da Pferde Herdentiere sind, fühlen sie sich unter Artgenossen wesentlich wohler als allein. In der Nähe von anderen Pferden beruhigen sie sich viel schneller. Daher empfiehlt es sich, ein zweites, ruhiges Pferd neben dem nervösen Vierbeiner laufen zu lassen. Das trägt viel zur Beruhigung bei. Der Cowboy hatte eigens dafür besonders kräftige Pferde, die ganz dicht neben dem wilden Bronco herliefen und so das aufgeregte Pferd durch stetiges Führen in die vom Reiter bestimmte Richtung beruhigten. Ein solches Pferd nannte man »Hazing Horse«, abgeleitet von »Haze« (= Nebel), was im übertragenen Sinne für das ruhige, aber stetige Treiben einer Herde oder das Bewachen einer grasenden Herde stand.

Die Ohrzwinge

Nicht zu empfehlen ist die alte Cowboy-Methode der Ohrzwinge, weil sie an Tierquälerei grenzt. Die Ohrzwinge wendete der Cowboy an, wenn es galt, einen wilden Bronco so weit ruhigzustellen, daß er gesattelt werden konnte. Dabei ergriff der Cowboy beide Ohren fest mit der Hand, preßte sie zusammen und zog den Pferdekopf herunter, bis die Nase die Brust berührte.

Wollte der Cowboy ein besonders wildes und scheues Pferd über eine weite Strecke treiben, umwand er die zusammengefalteten Ohrmuscheln fest mit Roßhaar.

Eine derartige Beeinträchtigung des Gehörsinns verwirrte das Pferd sehr und ließ es gefügiger werden.

In der Ruhe liegt die Kraft!

Nervöse Pferde zu beruhigen ist gar nicht so einfach, denn meist ist dann auch der Reiter nervös. Einen wirklichen Erfolg kann man aber nur erzielen, wenn auch der Reiter ruhig ist, denn an ihm orientiert sich das Pferd – vorausgesetzt natürlich, das Pferd akzeptiert seinen Reiter als Ranghöheren und hat entsprechend Vertrauen zu ihm.

Bei allen Tips und Tricks zur Pferdeberuhigung muß man sehr deutlich zwischen tatsächlicher Beruhigung und bloßem Gefügigmachen unterscheiden. Eine Beruhigung erzielt man in erster Linie durch Vertrauen.

Beim Gefügigmachen werden meist Mittel angewandt, die das Pferd zwar schnell ruhigstellen, aber nicht seine Angst abbauen und keinesfalls auf einer Vertrauensgrundlage beruhen. Der Cowboy und der Indianer wandten hier in der Regel Methoden an, die gewisse Sinneswahrnehmungen oder wichtige Körperfunktionen einschränkten und so das Pferd gefügig machten: Die Ohrzwinge dämmte die Hörfunktion ein, beim Griff um die Nase des Pferdes war die Atmung eingeschränkt und durch das Abdecken der Augen konnte das Tier nichts mehr sehen.

Augen zu und durch!

Das Verbinden der Augen war bei den Cowboys ebenfalls weit verbreitet, um damit Pferde gehorsamer zu machen. Gerade beim Satteln eines Wildpferdes wurde diese Methode häufig angewendet. Heute sieht man viele Reiter, die ihren Pferden eine Decke über die Augen legen, wenn sie sie verladen wollen. Das Verbinden der Augen ist allerdings nur sehr bedingt zu empfehlen, und man sollte es lediglich in Notfällen anwenden, da dabei das Pferd leicht das Vertrauen zum Menschen verliert, was nur mit sehr viel Mühe wieder gutzumachen ist.

Reitertricks

Nie am Zügel ziehen!

Nie am Zügel zu ziehen gilt gleichermaßen für das Reiten wie auch das Führen eines Pferdes. Ein Zug am Zügel oder Führstrick provoziert einen Gegenzug des Pferdes. Und Pferde sind nun mal stärker... Darum empfiehlt es sich, am Zügel lediglich zu zupfen, ein Dagegenziehen ist dann nicht möglich und auch nicht zu erwarten.

Richtiges Führen

Das Pferd wird in der Regel auf der rechten Seite geführt. Dabei nimmt man den Anbindestrick in die rechte Hand, ungefähr 30 Zentimeter unterhalb des Pferdekinns. Das Zügelende hält man am besten in der linken Hand. Man kann es aber auch in der rechten Hand halten, dann muß allerdings der Strick so aufgerollt sein, daß er durch die Hand gleiten kann, sollte das Pferd sich loszureißen versuchen. Darum niemals den Strick um die Hand wickeln! Dann nämlich würde sich der Strick festziehen und den Menschen mitschleifen.

Praktische Zügel

Das Mitführen einer Gerte ist überflüssig, wenn man sich für längere, geteilte Zügel entschließt. Bei Bedarf können die Zügelenden schwungvoll auf die Pferdekruppe geklatscht werden. Geteilte Zügel bringen aber noch einen weiteren Vorteil

Der Reiter sollte nie am Zügel ziehen!

für den Reiter mit sich: Er muß die Zügel nicht über den Pferdekopf streifen, wenn er das Pferd führen will oder wenn der Vierbeiner bei hängendem Zügel stehenbleiben soll. Es ist viel einfacher, die Zügel über den Pferdehals herunterzuziehen. Ganz besonders hilfreich ist dies bei kopfscheuen oder großen Pferden.

Führseil am Gürtel

Wenn man mit der Bosal-Hackamore reitet, braucht man das Führseil nicht umständlich am Sattel zu befestigen, wenn man es sich nach Cowboymanier in den Gürtel schiebt. Gerade wenn man des öfteren absteigen muß, ist dies eine gute Lösung, da das Pferd dann automatisch am Reiter »angehängt« ist, ohne daß es der Reiter am Halfter packen muß. Er hat die Hände für andere Arbeiten frei, zum Beispiel Tore öffnen. Niemals sollte man jedoch den Führstrick, der auch am unter dem Reitzaum liegenden Halfter befestigt sein kann, am Gürtel oder um die Hüfte festknoten! Wenn das Pferd erschrickt und die Flucht ergreift, kann der Reiter mitgeschleift werden.

Ohne Sattel

Das Reiten ohne Sattel hat Vor- und Nachteile. Der Reiter bekommt beim Reiten ohne Sattel ein sehr gutes Gleichgewichtsgefühl und lernt, gut ausbalanciert zu sitzen. Zudem spürt er die Bewegungen des Pferdes besser und kann sich so leichter in das Tier hineinfühlen. Gegen das Reiten ohne Sattel spricht aber, daß der Reiter seinen korrekten Sitz dabei sehr vernachlässigt. Zudem büßt man die

Sicherheiten eines Sattels ein, in erster Linie die Steigbügel, beim Westernsattel auch das Horn, an dem man sich im Notfall festhalten kann. Wenn man ohne Sattel reitet, sollte man auf jeden Fall eine Decke auflegen, die den Pferdeschweiß vom Reiterbein abhält.

Für das Pferd ist das Reiten ohne Sattel angenehmer, weil der Gurtdruck wegfällt. Allerdings übt der Reiter dafür eine punktuelle Belastung auf den Pferderücken aus. Die meisten Pferde empfinden dies störend, und empfindlichen Pferden kann dies sogar Schmerzen bereiten. Darum sollte das Reiten ohne Sattel auch nur erfahrenen Reitern vorbehalten bleiben, die sich den Rückenbewegungen des Pferdes gut anpassen können.

Wenn man das Führseil so unter den Gürtel schiebt, hat man die Hände für andere Arbeiten frei.

Auch Indianer waren sattelfest

Es ist nicht richtig, daß Indianer grundsätzlich ohne Sattel ritten. Sie waren zwar Meister im Reiten auf blankem Pferderücken, wenn sie sich aber einen Sattel beschaffen konnten, verwendeten sie ihn auch.

Griff in die Mähne und noch ein Indianertrick

Auf bloßem Pferderücken reiten, heißt in erster Linie, das Gleichgewicht halten und mit den Bewegungen des Pferdes mitgehen. Bei unvorhergesehenen Bewegungen des Pferdes, die der Reiter nicht mehr aussitzen kann, hilft ein Griff in die Mähne nahe des Widerristes, um einen Sturz zu verhindern. Dabei sollte man in einer Hand möglichst viel Mähne ergreifen und mit der anderen die Zügel halten.

Der Indianer hatte noch eine weitere Möglichkeit, sich auf blankem Pferderücken zu halten: Er schob seine Zehen unter die Ellbogen des Pferdes. An den Vorderbeinen des Pferdes fand er guten Halt. Diese Methode bedarf allerdings einiger Übung, da das Ganze nicht so leicht ist, wenn sich das Pferd bewegt.

Beim Reiten ohne Sattel schob der Indianer seine Zehen unter die Ellenbogen des Pferdes und fand so besseren Halt.

Einhändig reiten – wie geht das?

Es ist nicht so einfach, ein Pferd einhändig zu lenken. Es genügt nicht, beide Zügel in eine Hand zu nehmen und den Pferdekopf herumzureißen, wie es in den Westernfilmen immer wieder zu sehen ist. Das Ergebnis wird nur ein vor Schmerz aufgerissenes Maul und ein schlagender Kopf sein. Will man seinem Pferd das sogenannte »Neck Reining« beibringen, braucht man viel Geduld und Übung. Wichtig ist, daß das Pferd nicht mehr auf den inneren Zügelzug, sondern auf den äußeren Zügeldruck reagiert. Führt man mit einer Hand die Zügel beispielsweise zur rechten Seite, liegt der linke Zügel am Hals des Pferdes an. Allein auf diesen minimalen Druck hin zu reagieren, muß das Pferd lernen. Das geschieht durch langsame Umstellung, bei der bereits mit der beidhändigen Zügelführung darauf geachtet wird, daß der äußere Zügel einen Druck auf den Hals ausübt. Langsam wird der innere Zügel vernachlässigt und letzten Endes nur noch der äußere Zügel angelegt. Die Händeführung wird zugleich immer enger, bis man beide Zügel in eine Hand nehmen kann. Der Cowboy mußte seine Pferde stets mit einer Hand lenken können, da er die zweite Hand für das Wurfseil frei haben mußte.

Reiten mit Packpferd

Das Mitführen eines Packpferdes ist gerade auf einem längeren Wanderritt sehr praktisch, da das Reitpferd nicht mit zu-

Cowboys ritten oftmals mit Packpferd.

sätzlichem Gepäck belastet werden muß. Indianer und Cowboys ritten sehr oft mit Packpferd. Pferde waren keine Mangelware, und so konnten sie die Last auf mehrere Packpferde verteilen. Häufig liefen die Packpferde frei mit und wurden von den Reitern getrieben.

Bei schwierigem Gelände war es indes oft besser, die Pferde zu führen, so wie es bei uns angesichts des eingeschränkten Reitwegeangebotes, der intensiven landwirtschaftlichen Nutzung des Bodens und nicht zuletzt aufgrund des umfassenden Verkehrs obligatorisch ist.

Ein Packpferd kann sicher mitgeführt werden, wenn der Anbindestrick am Ende eine Schlaufe hat, die man um das Sattelhorn des Westernsattels hängen kann. Das Pferd kann sich so kaum losreißen und eigene Wege gehen.

Auf schmalen Pfaden

Auf schmalen Gebirgspfaden sollte man die Packpferde nur am langen Führseil mitführen, da sich die Pferde so besser ausbalancieren können. Noch besser ist es, die Pferde ganz frei mitlaufen zu lassen. Mehrere Packpferde aneinander zu koppeln, kann zudem gefährlich werden, zum Beispiel wenn ein Tier ausrutscht und die anderen dann mit in den Abgrund hinunterzieht.

Packpferd korrekt beladen

Beim Bepacken des Pferdes muß man vor allem darauf achten, die Last gleichmäßig auf dem Rücken zu verteilen. Das ist ganz wichtig, damit sich die Bepackung nicht lockert.

Um das Gewicht auszuloten, hilft eine Federwaage, die in jede kleine Tasche paßt und dadurch auf dem Ritt leicht mitzuführen ist. Es darf nichts wackeln oder rumpeln, da sich sonst die Verschnürung lockern könnte.

Es gab unzählige verschiedene Verschnürungsarten, mit der die Last auf dem Pferd festgezurrt werden konnte. Der Cowboy wendete für verschiedene Lasten auch unterschiedliche Bindungstechniken an.

Kleine und leichte Lasten verschnürte er nach der sogenannten »Squaw-Bindung«, die relativ einfach zu binden ist. Hierfür genügte auch ein kurzes Packseil.

Bei der »W-Bindung« wand man das Packseil so, daß es auf beiden Seiten der Ladung ein »W« formte. Bei der »Steigbügelbindung« waren zwei Männer notwendig, die zwei Seile in elliptischen Längsschlaufen über den Rücken der Tiere warfen. Sie wurden unter dem Pferdeleib so zusammengezurrt, daß sich die Bindung jeder Bewegung federnd anpaßte. Diese Bindung wurde hauptsächlich für schwere und umfangreiche Lasten verwendet.

Um die Traglast vor Regen zu schützen, empfiehlt sich eine Packplane, die aus Segeltuch besteht und die um den ganzen Packen geschnallt wird. Die ideale Größe ist $1,20\,m \times 2,70\,m$. Der Cowboy verwendete als Material für Planen neben dem Segeltuch auch Leder. Bei einer Rast kann die Packplane, zwischen Bäume gespannt, auch als Regenschutz oder Sonnendach dienen. Und natürlich verwendete der alte Cowboy das Segeltuchlaken als Bettdecke, so daß er in seinem Nachtlager selbst bei starken Stürmen stets vor Regen geschützt blieb.

Gut verschnürt ist halb transportiert

Cowboy *Joe Back* im Jahre 1959:
»In den alten Tagen konnte man eine Packsattelverschnürung einige Male rund um den Erdball schicken; eher wäre das Muli an Altersschwäche gestorben und dem Cowboy der Bart durch die Schuhe gewachsen, als daß sich auch nur ein Zoll der Verschnürung gelockert hätte. Heute sehe ich überall im Westen Packpferde herumstelzen, auf denen die Ladungen wie Erbsen in einer Büchse herumhopsen. Die Künstler, die den Touristen gegenüber kaugummikauend den waschechten Cowboy spielen, haben vom Packen so wenig Ahnung wie eine Kuh vom Sonntag.« (Aus: H. J. Stammel, »Der Cowboy – Legende und Wirklichkeit von A–Z«, 1972.)

An den Haaren herbeigezogen

Bei einem Steilhang bergab steigt der Reiter grundsätzlich vorher ab und schickt sein Pferd zunächst allein den Hang hinunter. Helfen kann er ihm dabei, wenn er es am Schweif hält und ihm so eine gewisse Stütze gibt, um nicht unkontrolliert abzurutschen. Natürlich ist dies nur mit einem entsprechend ausgebildeten Pferd möglich, das dem Reiter gut auf verbale Kommandos gehorcht und bei schwierigem Gelände sehr aufmerksam ist. Der Reiter kann nur eine Unterstützung für das Pferd sein, im Ernstfall hätte er nicht die Kraft, das Pferd zu halten, wenn es abrutscht.

Ist das Pferd unten angekommen, läßt man den Schweif langsam wieder los. Bei zu frühem oder schnellem Loslassen könnte das Pferd das Gleichgewicht verlieren, straucheln und gegebenenfalls sogar stürzen.

Der Reiter kann bei steilen Steigungen den Pferdeschweif zu Hilfe nehmen.

Bei steilen Aufstiegen kann der Pferdeschweif in anderer Weise, diesmal für den Reiter, eine Hilfe sein: Das Pferd läuft wiederum voraus, während sich der Reiter am Schweif festhält und mitziehen läßt.

Gegen Wundreiten

Ein Mittel gegen Wundreiten ist ein Aufguß aus der Rinde einer Pflaumenbaumart, die im Westen »Mountain Black Cherry« oder auch »Alabama Black Cherry« genannt wird. Der Cowboy tränkte seine Unterhosen in einer Rindenbrühe des Black-Cherry-Baumes. In getrocknetem Zustand ritt man sich darin

Gegen Wundreiten tränkte der Cowboy seine Unterhose in einer Rindenbrühe des Black-Cherry-Baumes.

angeblich weniger wund als in unbehandeltem Unterzeug. Der Aufguß aus der Black-Cherry-Rinde galt außerdem als Mittel gegen Erkältungen – wahrlich ein vielseitiger Baum!

Badezusätze aus Eichenrinde haben eine ähnliche Wirkung. Dabei empfiehlt es sich, 1 kg Rinde in 2 Liter Wasser auszukochen.

So bleibt Wasser kühl

Bei längeren Ritten sollte man niemals ohne gefüllte Wasserflasche losreiten, ganz besonders nicht an heißen Tagen. Empfehlenswert ist eine Flasche mit Leder- oder Filzummantelung, die zuvor naß gemacht wird. Die Verdunstungskälte hält das Wasser in der Flasche länger kühl.

Appetit auf Süßes?

Die Frucht des Black-Cherry-Baumes ist dünnhäutig, schwarz, saftig und süßsauer. Sie diente dem Cowboykoch als Gewürz für Kuchen und war für die Reiter – frisch gepflückt – eine besondere Köstlichkeit. Getrocknet galt sie zudem als eiserne Ration für lange Wüstenritte.

Ohne Wagen und doch nicht tragen

Ein gutes Transportmittel, das man sich in der Not auch selber zusammenzimmern kann, ist der indianische Pferdetravois. Damit kann man schwerere Lasten transportieren, ohne daß sie getragen werden müssen, auch wenn kein Wagen zur Verfügung steht. Vor allem für den Transport verletzter Menschen hat sich die indianische Schleppbahre im »Wilden Westen« bewährt. Für den Travois kreuzt man zwei etwa drei Meter lange Stangen über dem Widerrist des Pferdes. Am Kreuzungspunkt werden die Stangen zusammengebunden und am Pferdekörper fixiert. So schleift das Pferd die Stangen hinter sich her, wobei die Last auf eine Matte geladen wurde, die zwischen die Stangen gespannt war. Einen verletzten Menschen legte man lieber auf eine Travois-Matte, da die beweglichen Stangen

Mit dem Pferdetravois ließen sich große Lasten transportieren.

weniger Erschütterungen verursachten als die eines damaligen Wagens.

Origineller Hufschutz

Schon die Indianer kannten Hufschuhe, ein Hufschutz, der heutzutage gerade erst in Mode gekommen ist. Aus der Rohhaut des Büffels schnitten die Indianer dafür runde Stücke heraus. Die in Wasser eingeweichte Rohhaut wurde dann um den Huf gewickelt und am Fesselgelenk mit einer Rohhautschnur festgezurrt. In trockenem Zustand wurde das Material sehr fest und war über lange Zeit ein guter Schutz für die Hufe der

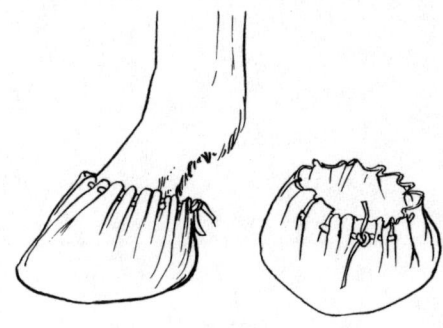

Schon die Indianer verwendeten »Hufschuhe« aus Rohhaut.

Pferde. Dieser Hufschutz wurde hauptsächlich dann angelegt, wenn der Untergrund besonders felsig und steinig war.

Trickreiten

Den Indianern abgeschaut

Ein Reiterkunststück, dessen sich die Indianer auf dem Kriegspfad und auf der Jagd bedienten, bestand darin, an einer Seite des galoppierenden Pferdes zu hängen, so daß sie von der anderen Seite aus nicht gesehen werden konnten. Sie selbst konnten dabei aber trotzdem unter dem Hals des Pferdes hindurch schießen. Das Reittier wurde so im Kampf auch als Schutzschild benutzt. Um sich auf diese Weise am Pferd halten zu können, befestigten die Indianer am Hals des Pferdes einen Riemen, an dem sie sich festhielten. Mit einem Fuß stützten sie sich im Steigbügel ab, der andere fand auf der Kruppe des Pferdes Halt.

Der Pony-Express-Sprung

Das Aufsitzen auf ein galoppierendes Pferd sieht zwar im Fernsehen leicht aus, ist aber ganz besonders schwer und nur mit viel Übung zu erlernen. Bei den Cowboys war dieses Aufspringen auf den Pferderücken nicht sonderlich beliebt, aber die Pony-Expreß-Reiter wandten diese Methode an, um möglichst schnell in den Sattel zu kommen.

Sie trieben die Pferde vom Boden aus zum Galopp an, wobei sie mit beiden Händen das Sattelhorn umfaßten. Dann stemmten sie ihre Beine nach vorne in den Boden und ließen sich hochkatapultieren. So landeten sie im Sattel und konnten in vollem Tempo weiterreiten.

Wanted!
Young skinny wiry fellows
not over eighteen. Must be expert
riders willing to risk death daily.
Orphans prefered. Wages Dollar 25 per week.

(Aus: H. J. Stammel, »Der Cowboy – Legende und Wirklichkeit von A–Z«, 1972.)
Als Pony-Express-Reiter wurden junge Burschen gesucht, die mutige und gute Reiter waren und außerdem dazu bereit waren, täglich ihr Leben zu riskieren. Sie sollten nicht über 18 Jahre alt sein, und Waisen wurden bei der Auswahl bevorzugt.

Auf ein galoppierendes Pferd aufzuspringen, ist eine große Kunst.

Verwegene Reiter

Am 3. April 1860 wurde der spektaku- lärste Expreßreiter-Dienst, der soge- nannte Pony-Expreß eröffnet. Auf der Strecke von St. Joseph in Missouri nach Sacramento in Kalifornien waren 156 verwegene Reiter, denen die 500 schnellsten Langstreckenpferde der USA zur Verfügung gestellt wurden, insgesamt 3120 Kilometer unterwegs, um in einer durchschnittlichen Zeit von 240 Stunden die Post zu trans- portieren.

Manchmal schafften die Expreßreiter die Strecke sogar in nur 8 Tagen. Der Preis von 5 Dollar für einen Brief bis zu 14 Gramm war saftig, aber dafür brachte ihn jeder Reiter am Tag durchschnittlich 320 Kilometer weit durch die Wildnis an seinen Bestim- mungsort. Als dann die Western Union Telegraph Company am 21. Oktober 1861 die erste Transkonti- nental-Telegraphenverbindung her- stellte, war der Pony-Express sinnlos geworden, und die Linie wurde einge- stellt.

Aufsteigen ohne Sattel

Es gehört viel Übung und eine besondere Technik dazu, um sich ohne Sattel und Steigbügel auf den Pferderücken zu schwingen. Meisterlich beherrschte der Indianer das Aufsitzen ohne Sattel. Er konnte sich nicht wie der Pony-Expreß-Reiter den Schwung durch die Geschwindigkeit seines Pferdes zunutze machen, da in der Regel das Pferd ruhig stand. Er mußte sich also etwas anderes einfallen lassen: Dreh- und Angelpunkt waren die Hände, die sich in der Mähne am Widerrist festhielten. Mit Schwung warf der Indianer sein linkes Bein (der Indianer saß in der Regel von der rechten Seite auf) nach oben und über den Pferderücken. Zugleich neigte er den Oberkörper aber nach unten, da es nur so möglich war, auch das rechte Bein nach oben zu nehmen. So entwickelte er genügend Dynamik, sein Gesäß auf den Pferderücken schwingen zu können. Wenn man also die Beine nach oben bringen will, muß der Oberkörper als Ausgleich nach unten genommen werden.

Auch Stürzen will gelernt sein: Richtiges Abrollen verhindert schlimme Verletzungen.

Auch das Stürzen will gelernt sein

»Wer noch nie vom Pferd gefallen ist, ist auch kein richtiger Reiter«, heißt ein gern zitiertes, aber unsinniges Sprichwort. Trotzdem kann die größte Vorsicht so manchen Sturz nicht immer vermeiden. In solch einem Fall aber ist es wichtig, daß man sich während des Sturzes richtig verhält, um das Schlimmste zu verhindern. Obwohl bekannt ist, daß das Pferd bemüht ist, nicht auf den Reiter zu treten, heißt die erste Devise: »Weg vom Pferd!« Wenn Pferd und Reiter stürzen, kann der Reiter sehr leicht unter den Pferdekörper geraten, was böse Folgen nach sich ziehen kann. Der zweite Grundsatz heißt: »Nie den Zügel loslassen!« Dies ist wichtig, weil ein Pferd in der Regel schneller wieder auf den Beinen ist als der Reiter und

sich so ohne weiteres verabschieden kann, was in der Nähe von stark befahrenen Straßen gefährlich ist. Richtiges Fallen ist der dritte Punkt, der bei einem Sturz wichtig ist. Sportliche Reiter haben in der Regel keine großen Probleme, richtig über die Schulter abzurollen, um Verletzungen zu vermeiden, vor allem nicht, wenn sie Sportarten ausüben, bei denen das Hinfallen dazugehört, wie zum Beispiel Judo, Karate, Handball und so weiter. Beim Sturz macht man den Rücken rund und zieht den Kopf ein. Je nachdem, in welchem Winkel man zu Boden stürzt, legt man auch den rechten beziehungsweise linken Arm am Körper an, so daß man über Schulter und diagonal über den Rücken abrollen kann. Mit entsprechendem Schwung kommt man so auch automatisch wieder auf die Beine. Ein »Trockentraining« auf weichem Rasen ist jedem Reiter dringend zu empfehlen.

AUF EINEN BLICK
Wer nie den Sand geküßt...

Richtiges Fallen vom Pferd will gelernt sein. Um böse Folgen zu vermeiden, sollte man sich folgende drei Punkte merken:

- Weg vom Pferd!
- Nie den Zügel loslassen!
- Richtig abrollen!

Danksagung

Mit dem »Pferdewissen aus dem Wilden Westen« ist ein Buch entstanden, bei dem mir die Recherche sehr viel mehr Arbeit machte als das Schreiben selbst, das aber in dieser Form nie zustande gekommen wäre, wenn mir nicht viele Freunde beim Durchstöbern von Büchern und Zeitschriften oder bei Übersetzungsarbeiten aus dem Amerikanischen und Französischen geholfen hätten. Besonders danke ich meinem Mann Peter, der mir mit seiner journalistischen und schriftstellerischen Fachkenntnis stets wertvolle Tips geben konnte. Er war zudem eine große Hilfe bei der Übersetzung amerikanischer Literatur und zeigte stets Verständnis, wenn ich Stunden über Stunden vor dem Computer verbrachte. Weiter gilt mein Dank: Ludwig und Marie Schmalhofer, Thérèse und Paul-Aimé Tremblay, Gilbert Massé und Pearl Duval. Von der Kosmos-Redaktion möchte ich ganz besonders Alfred Schürmann für seine nächtlichen Nachforschungen in Sachen indianische Heilpflanzen danken.

Renate Ettl

Anhang

Literatur

Bücher

BRUNS, URSULA: Mit Pferden richtig umgehen, Humboldt-Taschenbuchverlag, München 1982

DOSSENBACH, MONIKA und HANS: Westernreiten, Hallwag, Ostfildern 1995

FRÈRE, MARIE-VICTORIN: La Flore Laurentienne, Les Presses de l'Université de Montréal, Montréal 1964

GOHL, CHRISTIANE: Was der Stallmeister noch wußte 1, Franckh-Kosmos, Stuttgart 1993

GOHL, CHRISTIANE: Was der Stallmeister noch wußte 2, Franckh-Kosmos, Stuttgart 1995

HOLTAPPEL, ANTJE: Go west – Westernreiten für Einsteiger, Aussteiger und Umsteiger, Franckh-Kosmos, Stuttgart 1996

International Society for Horticulture Science: Elsevier's Dictionary of horticultural and agricultural plant production, Elsevier, Amsterdam, Oxford, New York, Tokio 1990

JACKSON, JAIME: The Natural Horse – Lessons from the wild for domestic horse care, Northland Publishing Flagstaff 1992

Liberty Hyde Bailey Hortorium: Third Hortus – a concise dictionary in the United States and Canada (Welt-Botanisches Wörterbuch), Collier Mac Millan Publishing Co. New York, London 1976

MAYHEW, BOB/BIRDSALL, JOHN: Die Kunst des Westernreitens, Franckh-Kosmos, Stuttgart 1992

PENQUITT, CLAUS: Die Freizeitreiterakademie, Franckh-Kosmos, Stuttgart 1993

STAMMEL, HEINZ J.: Das waren noch Männer, Econ Taschenbuch, Reinbek bei Hamburg 1973

STAMMEL, HEINZ J.: Der Cowboy – Legende und Wirklichkeit von A–Z, Gütersloh, Berlin, München, Wien 1972

STAMMEL, HEINZ J.: Der Indianer – Legende und Wirklichkeit von A–Z, Gütersloh, Berlin 1989

STOECKLEIN, DAVID R.: Pferde – Cowboys – Wilder Westen, Müller Rüschlikon, Cham 1995

TELLINGTON-JONES, LINDA/TAYLOR, SYBIL: Die Persönlichkeit Ihres Pferdes, Franckh-Kosmos, Stuttgart 1995

Zeitschriften

Freizeit im Sattel, Bonn
Quarter Horse Journal, Bremen
Western Horse, Wipperfürth
Western Horsemanship Magazine, Schwäbisch Gmünd

Western News, Sulz (Österreich)
Western Pferde Journal, Sulzbach
Equus, 656 Quince Orchard Road,
  Gaithersburg Maryland
The Western Horse Magazine, 321 Kalili
  Place, Kapa'a HI 96746

Nützliche Adressen

ApHCG/Appaloosa Horse Club
Ortstr. 19
89356 Hafenhofen
Tel.: 08222/70 14

Deutscher Pinto Zuchtverband e.V.
Hasselberg 3
34626 Neukirchen-Knüll
Tel.: 06694/76 17

Deutsche Wanderreiter Akademie
Fischerhof
56410 Reckenthal
Tel.: 02602/28 51

DQHA/Deutsche Quarter Horse
Association
Landstr. 7
63939 Wörth/Main
Tel.: 09372/50 31

EWU/Erste Westernreiter Union
Wallenbrücker Str. 24
49328 Melle
Tel.: 05226/1 76 06

NCHA/National Cutting Horse
Association
Zechenstr. 17–25
45772 Marl
Tel.: 02365/6 50 62

NRHA/National Reining Horse
Association
Ziegelhütte 3
69437 Neckargerach
Tel.: 06263/97 70

PHCG/Paint Horse Club Germany
Vorm Baum 12
42477 Radevormwald
Tel.: 0202/61 16 88

Vestischer Western- und Freizeitreiter-
verein e.V.
Lange Str. 29
45892 Gelsenkirchen
Tel.: 0209/79 99 44

VWB/Vereinigung der Westernreiter in
Bayern e.V.
Oberpriel 2
85408 Gammelsdorf
Tel.: 08766/91 44

Register

kosmos Erlebnis Pferde

**Je Band ca. 100
bis 120 Seiten,
sowie 30 bis 50
Abbildungen;
je DM/sFr 19,80;
öS 147,–**

Die beliebte Ratge-
ber-Reihe für alle
Pferdefreunde von
Franckh-Kosmos
bietet interessante,
originelle und prak-
tische Ratgeber für
alle Reiter, Pferde-
halter und Pferde-
freunde. Fachkun-

dige Autoren beant-
worten verständlich
und praxisbezogen
alle wichtigen Fra-
gen zu Pferdekauf,
Pferdehaltung, Zucht
und zum richtigen
Reiten. Mit vielen
nützlichen Tips rund
ums Hobby Pferde.

Natur

Garten

Astronomie

Heimtiere

Pferde • Reiten• Fahren

Kinder- und Jugendbuch

Technik

Bücher

Kalender

Videos

CDs

**Weitere Bände aus
der Reiter-Bibliothek:**

**Hilfe, mein Pferd
hustet**

**Kräuter-Apotheke
für Pferde**

**Pferdewissen aus dem
Wilden Westen**

**Springen lernen
leichtgemacht**

**Ein Fohlen aus
unserer Stute**

**Mein Pferd soll nicht
alleine sein**

Pferde und Kinder

**Pferdesachen selber
machen**

**Was der Kutscher noch
wußte**

Pferde hinterm Haus

**Wenn Pferde älter
werden**

ABC des Pferdekaufs

Mein schönes Pferd

Pferdekrankheiten

**Pferde richtig trans-
portieren**

**Mit Hund und Pferd
unterwegs**

Fahren mit Pferden

**Kenne ich mein Pferd?
Teil I**

**Kenne ich mein Pferd?
Teil II**

**Do it yourself in Stall
und Weide**

**Was der Stallmeister
noch wußte 1**

**Was der Stallmeister
noch wußte 2**